数智商业

新质生产力、数字化转型与创新链融合

刘文龙　洪圣恩　殷铭露　陈骏杨◎著

DIGITAL INTELLIGENCE IN BUSINESS
NEW QUALITY PRODUCTIVITY,
DIGITAL TRANSFORMATION AND INNOVATION CHAIN CONVERGENCE

企业管理出版社
ENTERPRISE MANAGEMENT PUBLISHING HOUSE

图书在版编目（CIP）数据

数智商业：新质生产力、数字化转型与创新链融合 / 刘文龙等著. -- 北京：企业管理出版社，2025. 9.

ISBN 978-7-5164-3342-3

Ⅰ. F120.2；F279.23

中国国家版本馆CIP数据核字第20250HA709号

书　　名：数智商业：新质生产力、数字化转型与创新链融合

书　　号：ISBN 978-7-5164-3342-3

作　　者：刘文龙　洪圣恩　殷铭露　陈骏杨

责任编辑：张　羿

出版发行：企业管理出版社

经　　销：新华书店

地　　址：北京市海淀区紫竹院南路17号　　邮　　编：100048

网　　址：http://www.emph.cn　　电子信箱：504881396@qq.com

电　　话：编辑部（010）68456991　　发行部（010）68417763

印　　刷：北京亿友数字印刷有限公司

版　　次：2025年9月第1版

印　　次：2025年9月第1次印刷

开　　本：710mm × 1000mm　1/16

印　　张：15.25

字　　数：254千字

定　　价：68.00元

前　　言　PREFACE

在数字化浪潮席卷全球的今天，创业不仅是对于新的机会的追逐，更是参与了一场技术驱动、场景创新以及生态整合的数字经济革命。本书正是基于这样的时代背景，系统梳理了从创业萌芽到价值变现的全链路逻辑，为创业者构建了一套可复制、可演进的操作系统，并从技术、消费与政策的协同进化，价值链重构与生态位选择，产品创新与用户共创，构建资本与治理的共生系统和价值变现五个维度输出本书的核心价值，揭示数字时代创业成功的关键密码。

首先，从技术、消费与政策的协同进化维度来看，数字化转型已不再是企业的一个可选项，而是关乎其生存的必选项。本书开篇即揭示了数字浪潮对创业生态的三重重塑。一是硬核技术创新推动生产力的跨越。人工智能、大数据、云计算等新质生产力，正在推动要素重新组合的生产模式变革。如景嘉微的自主研发GPU（图形处理芯片）打破技术封锁，三七互娱布局AI（人工智能）内容生成，都是技术创新颠覆传统商业模式的体现。二是消费迭代带来新的场域变革。由"物"向"心"的消费转型，要求企业具备敏锐洞察潜在刚需的能力，通过用户需求数据化、用户体验定制化、用户价值共建助力企业实现差异化竞争。三是政策赋能的开放市场。开放市场强调政府通过放开管制、引入资本、开放数据等政策制度创新，以及开放市场中来自市场化主体的资源配置的融合，促进行业繁荣。

其次，从价值链重构与生态位选择维度对创业进行定位，构建三维战略框架。一是价值链战略的降维打击。通过聚焦关键环节实现效率突破，如信号处理系统关键节点的取舍集中反映了景嘉微在显示控制上的硬件实力和算法能力，是

“价值链微笑曲线”的另一种呈现方式。二是蓝海战略的边界重构。本书提出的蓝海六法则——市场边界重组、需求重构、价值创新、资源整合、成本优化以及盈利模式设计为开拓新市场提供了有用的工具。三是团队基因的化学反应。从种子期到成熟期的团队进化模型，指出了不同时间段对 CEO（首席执行官）战略视野、CTO（首席财务官）财务状况与风险洞察、COO（首席运营官）执行力的动态性要求。本书强调的“团队互补性指数”可以为创业者的人才匹配提供指标性参考。

再次，从产品创新与用户共创维度深入剖析了从创意到产品的转化密码。一是内容创业的流量密码。图文、视频、音频的内容矩阵构建方法论结合广告、知识付费、电商的多元变现路径，为创业者提供了可复制的内容运营框架。二是产品共创的生态逻辑。UGC（用户原创内容）共创模式通过用户参与设计、测试、迭代的闭环，将产品生命周期管理转化为动态进化过程。书中案例显示，用户共创可使产品迭代周期缩短 40%，用户留存率提升 25%。

此外，从构建资本与治理的共生系统维度揭示了创业从单点突破到生态扩张的关键跃迁。一是投资洞察。提出可供投资人权衡的标准，包括商业模式可行性、核心竞争力、行业天花板、核心管理团队能力等。二是治理轨道的升级。借助大数据智能化的决策辅助系统、透明化治理、动态风险预警，强化数字经济时代的新组织韧性。

最后，从价值变现维度揭示了创业变现的本质是价值创造与价值捕获的动态平衡。一是用户价值的深度开发。利用“用户价值金字塔”模型，将痛点挖掘、体验定制、数据赋能转化为可量化的价值提升路径。二是价值共创的生态网络。通过创业者精神、资本杠杆、产业协同、资源整合、管理创新五维联动，构建多方共赢的价值生态系统。三是变现路径的组合创新。从自媒体内容电商变现，到数据资产商业化，再到 AIGC（人工智能生成内容）技术场景化应用，展现出数字经济时代变现模式的无限可能。

可以说，本书是服务时代创业者的指南，传播创业智慧，传授创业方法，赋能创业者精准把握市场脉搏，在将新质生产力融入创业基因的基础上，以数智化转型重构组织能力，实现创业从“跟跑”向“领跑”的转换。无论是创业新手还是创业达人，都可以从书中获得思维的火花，找到创业的钥匙。

目　录　CONTENTS

第一章 创业时代

第二章

创业定位

第三章

创业基因：从0到1的突破

第四章

创业生态：从1到N的裂变

第五章

创业变现：价值共创的交响曲

·: 第一章

创业时代

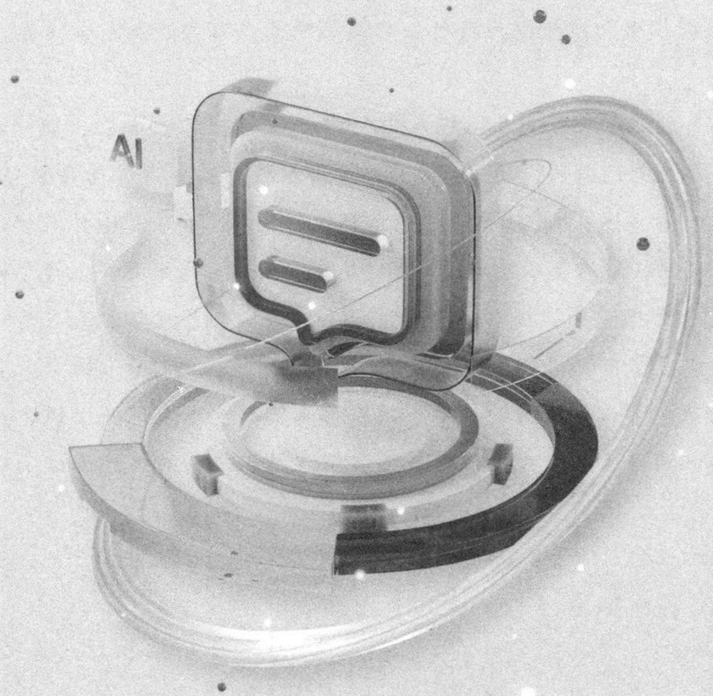

随着新一代信息技术的不断突破和广泛应用，数字经济蓬勃发展，新业态新模式快速涌现，为创业者提供了无限的可能性和机遇，同时也带来了诸多挑战。站在新发展阶段的十字路口，创业者首先要了解数字经济时代的背景和特征，在瞬息万变的商业环境里找到适合自己的创业之路，抢占先机，助力梦想。

开篇案例

景嘉微：国产 GPU 创业之路

1. 企业介绍

长沙景嘉微电子股份有限公司（以下简称景嘉微）是一家致力于信息探测、信息处理、信息传输领域技术研发和综合应用的高新技术企业，以信息技术作为产业根基，提供面向航空航天及行业相关领域的高可靠、高质量方案、产品和服务。

景嘉微自创业以来就一直坚定地在芯片研发征程上奋力前行，持续发挥信息技术优势，拓展新的领域，助力用户应对更多挑战。2014 年，景嘉微 JM5400 成功研发，标志着我国在 GPU 领域迈出了坚实的一步，打破了国外芯片在相关领域的垄断。同时，针对复杂电磁环境构建需求，突破信号的高灵敏度侦察、高精度测向、灵巧干扰等关键技术，研制了一系列整机、系统与配套应用软件等产品。景嘉微以完整的训练解决方案为用户提供更为全面的综合训练，让客户了解电磁频谱的基本常识和相应的技术应用，在真实场景下锻炼并增强客户的应用能力。创业的道路上总是充满荆棘，景嘉微以精益求精的态度诠释了创业者的品质。

在创业的征途上，景嘉微肩负着更多的责任和期待，也正因如此，其取得的成就也更加值得敬重。

2. 创业维艰，奋斗以成

（1）集成电路领域，聚力突破。

景嘉微团队从对集成电路行业的认知与自身实践出发，通过精密的芯片底层逻辑和物理设计技术以及模拟接口设计、GPU 驱动程序设计等核心研发技术，不断打通数字技术创新突破堵点，研究设计出了 JM5 系列、JM7 系列和 JM9 系列等具有自主知识产权的高性能 GPU 芯片，为国内 GPU 的突破发展做出了突出的贡献。

（2）信号处理领域，持续优化。

企业发展初期，景嘉微在信号处理技术方面将先进的显示控制和信号处理算法相结合，为用户提供有竞争力的解决方案，奠定了公司的市场地位。其后，景嘉微在显示控制和信号处理技术多年研究积累的基础上，以软硬件结合的方式为用户提供综合解决方案和中台式的软硬件定制式服务，不断地通过技术创新和产品升级，在航空、航天、舰船、车载、工业控制等市场实现了广泛的应用覆盖。

（3）计算与存储领域，深耕不止。

景嘉微一直坚持芯片领域的创业之路，主要从事高端、安全、可靠的计算和存储技术的研发，以“技术 + 中台 + 场景”为智能决策落点，以数字化为引领，不断完善与创新自身产品线，依托自主研发的通用计算的应用中间件、信号处理算法的算法库，结合云计算、人工智能、超融合技术和产品，构建固态存储模块、GPU 模块、计算存储服务器等，满足数字时代的需求。

（4）宽带自组网，探索无限可能。

数字经济的兴起推动了通信技术的创新和发展，使其成为社会进步的重要引擎。景嘉微用具有自主知识产权的通信技术实现不同平台远距离高速数据传输，研制生产出抗干扰自组网通信产品，可以广泛应用于各类飞行器、车辆、船舶等平台，满足了数字化快速高效传输的需求。

从构思打磨、关键技术攻关、产品研发到产品推广、市场运用，在创业道路上，景嘉微以实际行动诠释了创新力量和坚定决心。景嘉微秉承技术导向、市场驱动，向更宽广的应用领域及市场迈进，在创业时代的大潮中提升产品质量、践行技术创新，只为创造更多客户价值，锻造永不言弃的创业精神，助推企业不断突破和创新，在市场中脱颖而出，成为行业佼佼者。

3. 发展总结

景嘉微始终坚守“创新、超越、追求完美”的经营理念，在激烈的市场竞争环境中，靠技术和创新赢得了客户的信任与认可，逐步成为行业领军者之一。虽然历经千辛万苦，但坚持初心做好每一步，才能成就更辉煌的未来。

第一节 创业时代的蓬勃背景

一、数字驱动，引领创业数字化转型

数字化浪潮席卷而来，在观望者眼中，数字经济的前景无限广阔，处处都是崭新的机遇。然而，对于众多怀揣梦想的创业者而言，“选择从事什么，如何去做”仍然是较大的困扰，同时，如何避开数字化转型中隐藏的“暗流”与“浅滩”也让人费尽思量。

1. 数字化场景下的创业契机

数字化转型是支撑创业企业发展的核心动力，也是数字经济背景下创业企业的一项本质工程。这实质上是对企业业务、管理层面的转型升级，进而创造新的商业模式，是创业企业的一项变革性举措。企业需要重构核心业务运营与管理体系，将数字化赋能的新质生产力嵌入创业企业的业务流程，使全流程、全链条实现高度的数字化协同，增强运营能力。

在数字化浪潮中，除了创业者在寻找新机会，投资机构也在挖掘新赛道。数字化浪潮为创业者带来了诸多明确的大型创业机遇，具体包括以下四个方面。

（1）云基础设施。

数年前，美国硅谷盛传着“软件吞噬世界”的说法，而当下的重点是将软件上云。由于云基础设施的发展才具雏形，因此，在这个领域里存在诸多等待挖掘和发展的机遇，形成了一个明确的创业方向。

（2）人工智能与大数据。

机器学习、深度学习等技术的重大突破，为创业企业效率革命提供了新的发展空间。利用人工智能和大数据，能够开发适合创业企业的产品与服务，并助力创业企业获得收益，是又一个备受关注的创业方向。

（3）解构传统职能应用。

随着企业微信运营的日趋成熟，一个全新的CRM（客户关系管理）生态正在形成。在这个领域，部分企业往往能够实现快速成长，在短期内创造较大经济价值。

（4）垂直行业的数字化升级。

垂直行业的数字化升级潜力巨大，但需要更多的时间来实现。物流、零售、医疗、金融等垂直行业都有其独特的需求，创业者常常面临满足定制需求和获取营收之间的两难抉择。解决这些问题的关键在于助力行业用户真正实现数字化升级。

无论在哪个领域，对于创业者而言，关键在于找准两个切入点：第一，需要确定待解决的问题是否迫切，用户是否急需业务增长，现状与期望之间的差距是否显著；第二，解决方案是否能够真正显著提高用户的效率，包括收入增长和成本降低，提高销售线索管理效率等。

2. 数字浪潮下的创业机理

创业时代的数字化转型推动形成了创业的全新格局。

第一，随着新质生产力的发展，信息的获取、生产、传播的速度及范围前所未有地扩展，创业者能够通过数字化手段更为高效地创造和提供价值。

第二，商业数字化趋势意味着价值创造方式正在发生改变，无论是嵌入智能产品还是纯数字化信息内容的生产，信息数字化都成为价值创造的重要路径。

第三，数字时代为创业者带来了无限挑战和机遇。在数字平台上，不同用户之间的互动和信息传递为洞察其背后商机的创业者提供了创业可能。同时，数字鸿沟成为一个常常被人忽略却十分具有挑战性的难题。数字创业并不仅涉及数字产品或者数字服务本身，还涉及监管机制、技术基础设施以及商业平台的建构。

数字连接造就了机构与个体之间新的关系构成。得益于社交互动的规模性，创业企业可以借助集体过滤算法对信息进行汇集，从而快速集聚用户。同时，数字化创造了新的创业机制，包括优先依附、长尾机制等，驱动创业进程。

3. 避免潜在的创业风险

在数字化转型的过程中，创业企业需要避免一些潜在的风险。

（1）“非标”项目。

数字创新创业者要避免专注于“非标”项目，应该去尝试解决整个行业的问题而不是针对单个案例。未来数字化转型的大部分机会都基于解决行业普遍性问题的能力，因此，创业企业应该获取共有的技能以解决整个行业的共性问题。

（2）过度依赖一个“点子”。

从以往的经验来看，无论内部创业还是外部创业都是从一个创意开始的，但是，若创业企业沉迷于某一个“点子”，视野就会变得狭窄，也很容易忽视用户反馈。因此，应当聚焦于解决问题，找寻多个解决方法。

（3）利益不一致。

创业企业在成长发展中经常会遇到意见和利益的分歧和冲突，长久保持与创业团队之间的信任，在遇到挑战和争执时仍能理性沟通，是创业企业成功的必要条件之一。

二、技术创新，培育创业新质生产力

1. 新质生产力的主要特征

新质生产力代表了数字经济时代下，以数字化、网络化和智能化的新技术为支撑，以科技创新为核心驱动力，以深化高技术应用为主要特征，具有广泛的渗透性和融合性的生产力形态。具体来看，新质生产力有以下五个主要特征。

第一，全球科技创新的密集活跃使得信息技术、生物技术、新能源、新材料等领域的颠覆性技术不断涌现，这些技术的交叉融合和复杂性质推动了新质生产力的形成。

第二，数据成为关键的生产要素是数字经济时代的显著特点。数据的低边际成本、强大的渗透力使其能够优化生产工具、生产方式，从而推动生产力的升级和革新。

第三，科技创新成为新质生产力的主要推动力。科技创新是将资源最大化利用，是对新路径的探索，要以科技自主创新作为发展的驱动力，占据竞争中的有利地位。

第四，战略性新兴产业、未来产业是新型生产力的主要阵地，是新技术集聚地、国家竞争力新的支撑点，通过运用新技术改造传统产业，为经济发展培育新的增长极。

第五，新质生产力对经济社会的影响具有全面性和革命性。新一代技术的应用以及数据要素的作用不但推动了新业态、新模式的涌现，还促进了劳动方式、组织方式的根本变革。

2. 推动创业企业新质生产力发展的关键

发展新质生产力是创业企业的前进指引，创业企业需要把握趋势，以颠覆性技术和前沿技术催生新模式、新动能，培育有利于新质生产力发展的产业生态。

第一，创业企业要紧跟科技体制改革的方向。科技创新是推动社会发展的引擎，创业企业需要进一步加强对创业新风向的感知，增强应变能力，从提升科技创新体系化能力深化改革中受益。

第二，创业企业要摆正自身的创新主体地位。创业企业是技术创新的重要主体，在技术创新决策、研发投入、成果转化应用方面发挥着关键作用。要重点发挥大型创业企业的引领作用，推动科技型创新创业和中小创业企业的创新发展。依托新质生产力的发展，促进整个产业链、行业内创业企业的融通创新，推动整个产业的升级发展。

第三，加大创新创业平台服务力度。完善众创空间的管控制度，指导众创空间向专精化发展，促使创新创业平台优中选优，健康地“去劣存优”，让创新创业平台提供更优质的服务，为创新创业者提供全方位的支持，通过构建良好的创新创业生态链，为创新优质发展保驾护航。

3. 推进创新创业高质量发展的措施

第一，要共同优化创新创业环境。一方面，鼓励金融服务更好地支持创业创新融资，不断探索更多的创新创业投融资方式，使创新创业更容易获得资金支持。另一方面，更好地完善创业创新金融政策，充分满足不同阶段、不同类型创业企业的金融需求，推动创业创新蓬勃发展。

第二，要契合创新创业政策的发展方向。政府颁布的利好政策能够帮助减轻创业企业的负担，释放市场活力，为创新创业企业提供更加良好的发展环境。

第三，要推进数字经济高质量发展。创业企业要积极推进新质生产力要素向5G、大数据、人工智能等领域延伸发展，为发展数字经济注入更多动力。同时，要加大数字基础设施的建设和投资，以适应数字经济发展的需要，促进创业创新事业的发展。

第四，增强数字经济资源配置效率。通过发展新质生产力，能够更充分地发掘资源的潜力，提高资源利用的效率，为创业企业创造更加有利的条件，使创业企业能够更好地抵御市场风险，赢得市场契机。

三、消费升级，推动创业掀起新浪潮

1. 消费升级引领产业升级

消费升级通常体现为两个方面的变化：一是消费规模的扩大，二是消费结构的优化。需求端升级时，会对供给端产生影响，推动供给端淘汰过剩产能，迫使落后的传统产业退出市场，同时促进新兴产业的兴起，从而实现各行业的优化升级和经济的高质量发展。

消费升级主要通过三个渠道影响产业升级，分别是收入弹性机制、要素配置机制和技术创新机制。

（1）收入弹性机制。

随着收入水平的提高和生活质量的改善，人们对满足个人发展和享受需求的高收入弹性商品的需求会增加，如娱乐、教育等产品和服务，这种需求变化会逐渐传导至供给端的生产者，高收入弹性商品的相关产业便得以发展壮大。

（2）要素配置机制。

要素配置机制运行基于生产者的视角，重点关注生产要素如何合理配置以迎合市场的需求。生产者对生产计划的制定要考虑到自身生产要素和产品存货情况，计划产品产量与生产结构。同时，生产者要注意相关产品市场消费方面的变化，适当调整产品结构，或提高产品质量、产品功能等，满足消费者的消费需求。

（3）技术创新机制。

技术创新机制不同于要素配置机制，它更多的是考量生产要素的应用与创新。创业企业会随着市场的变化相应地运用技术创新手段，为消费者提供更加个性化、智能化的产品与现代化的服务。技术创新也意味着成本和技术风险提高，需要创业企业具有较强的研发和创新意愿。只有在市场变化比较显著，促使传统的市场产品需求逐渐向新产品需求转移的情况下，创业企业才能得到相应的刺激以有效利用生产要素的创新，获得更多市场竞争能力。

2. 消费升级带来创业机会

消费升级对创业者来说是千载难逢的机会，但不管消费是升级还是降级，其核心始终在于消费者最终的真实体验。因此，创业企业除了在商业计划书中对消费升级带来的机遇进行合理分析与预测，还应重点把握以下三个方面。

（1）以消费者为中心。

创业企业虽然比较了解产品的特色和功效，但消费者并非只是“等待讲解产品的对象”。在消费升级的情况下，创业企业应该认真考虑将消费者的感受从“需求感”升级为“使用实感”，并着力提高消费者对品牌的忠诚度。创业企业要更多地关注产品的实用性和性价比，而非仅着眼于明星代言或产品推荐，在消费购物行为中，产品的实用性是首要考量，其次才是产品的性价比。

（2）注重员工体验感。

企业的员工体验感同样不容忽视，他们直接对接、影响消费者的体验感，创业者与消费者之间的纽带能否打通，很大程度上取决于员工对企业的认同度和服务水平。因此，初创企业应当注重与员工之间的沟通，注重对员工的培训管理，提升员工待遇，打造良好的工作环境与企业文化。当员工对企业产生自豪感和归属感时，才能向外传递正面信息，树立良好的品牌形象。

（3）适度进行产品宣传。

初创企业应当事先绘制用户画像，精准掌握消费者的需求和喜好，以此开展针对性的产品营销。相较于广泛宣传，精准定位目标用户群可以使推广效果更为显著。因此，创业企业应该在产品推广中慎重行事，避免过度夸大产品特点，找准正确的宣传路径和理念，才能取得良好的推广效果。

创业时代专栏 1-1

海尔智家：智慧家居推动消费升级

1. 企业介绍

海尔智家股份有限公司（以下简称海尔智家）始终以全球一流的品牌实力为用户创造个性化、智能化的家居生活。在数字化浪潮下，海尔智家迎来发展新机遇，2023 年以 28% 的行业份额再次斩获全球第一，持续引领智能家居消费和产业链升级，推动中国家居行业迈向智能化新时代。

2. 智慧家居的产业推动力

（1）坚持以消费者为核心。

创业者都希望找到风口，找到消费者的真实痛点，这也是推动消费升级的根本所在。海尔智家的新智慧大脑既是一款智慧产品，更是一种智慧体现。海尔智家深知，在创业的路上，以用户为中心才是最重要的，海尔智家做的不仅是产品与服务，更是在解决用户问题的同时带给用户一种生活方式。

企业家需要摆脱常规的思维模式去思考，把不可能变为可能。海尔智家通过创新技术以及对用户体验的不断迭代优化，洞悉消费者需求，给予消费者更智慧、更体贴的生活方式，间接地促进了消费升级。

（2）一站式解决消费者真痛点。

在智能家居行业发展过程中，消费诉求日益更新，以往的智能家居仅是简单地为众多家电产品装上智能操作系统，但这样单一的智能化难以切实解决消费者的痛点。

随着生活水平不断提升，消费者更看重以智能化手段让生活变得更美好、更轻松。这意味着智能家居行业的迭代路线已经开始从单品智能化转变为以体验为中心的智能场景化，即围绕消费者的实际需求，通过多个家居场景的赋能，提供协同联动的智能场景，让生活在不同场景中的消费者享受到更加全面的智能化，迎合消费升级的趋势。

（3）新科技引领智慧家。

一方面，科技实力是海尔智家长盛不衰的原动力。在智慧生活市场浪潮涌动之下，出现了一批又一批创业品牌，但唯有具备技术积累且对消费者有着足够理解的中坚力量才能走得长远。海尔智家技术积淀深厚，以消费者需求为核心不断推陈出新，打造智能家居新技术，在 IPRdaily 中文网发布的《2024 年上半年全球智慧家庭发明专利排行榜 TOP100》中，海尔智家以 3109 件发明专利公开数量名列前茅。

另一方面，海尔智家积极拥抱技术升级。个别创业企业一味追求速度，忽视了技术的沉淀和对消费者需求的匹配度。海尔智家通过全球协同研发，构建开放式创新体系，建立了完整的创新生态平台，充分整合全球资源，实现 7×24 小时不间断的研发，使海尔智家更能匹配消费者需求，实现产品和服务的快速迭代优化。

在创业风口和消费升级的双轮驱动下，智能家居行业迎来了前所未有的发展机遇。海尔智家凭借科技硬实力和敏锐的市场洞察力，抢占行业制高点，给用户带来更智慧、更便捷的生活体验。

3. 发展总结

智慧家庭行业因为可以聚集微创新变革下的颠覆力量，改善人们的生活质量与生活幸福感而备受关注。在消费升级的背景下，海尔智家不仅是智慧家居的领军者，还是行业发展的引领者，为消费者提供了更智能、更美好的生活方式。海尔智家作为一个持续创新的品牌，力求寻找到新质生产力与消费者需求的交汇点，助力实现智能家居革新，引领智慧生活的潮流。

四、政策扶持，提供创业根本性保障

创业是解决就业问题的重要途径，对于促进就业稳定和扩大就业规模具有重要意义。政府一方面通过放宽政策、开放市场、激活市场主体等措施，充分发挥市场主体的作用，为更多的人创造就业机会，另一方面不断地健全灵活就业和社会保障政策，为从业者提供更好的保障和支持。因此，创业企业对商业计划书的构思不能缺少对政策的解读，一定要审时度势，借政策之春风，指引企业腾飞。

1. 政策与创业者的关系

政策对创业者的影响深远而直接。政策支持可以营造良好的创业氛围，吸引更多的人才和资源投入创业中。

第一，政策的明确导向激发了创业者的动力与自信心。在政策的指引下，创业者更容易明确自己的发展方向，增强前进的信心与决心。

第二，政策支持为创业者提供了丰富的资源与机会。政府的资金扶持、项目投资以及与创业企业的合作，为创业企业提供了充足的资金与项目资源，为其创业之路铺平了道路。

第三，政策引导为创业者创造了更多知识、技能学习的机会。政府鼓励并组织创业者培训学习，提升了创业者的专业能力和实操技巧。

第四，政策激励有利于创业者拓展社会关系网络。政府通过牵线搭桥、整合资源，使创业者拥有了更为开放的发展空间，为其带来更多更加稳定的关系网络，催生了更多更加优质的社会互动合作机会。

总体而言，政策支持与创业者相互促进，政策支持能够为创业者提供必要的资源和条件，降低创业风险，提高创业成功率，同时，创业者的成功实践和经验积累能够为政策制定提供参考，不断完善和调整，以更好地满足创业需求。在政策的引导下，创业者不断追求创新与进步，为社会经济的发展与进步贡献自己的力量。

2. 政策与创业环境的关系

政策与创业环境之间存在密切的相互影响关系。一方面，政策的制定与实施为创业活动营造了一定的制度环境，另一方面，创业环境的好坏会直接影响创业者的积极性和创业活动的成效，进而对创业政策产生反馈和影响。

（1）政策的稳定性和透明度

稳定的、可预见的政策是创业者做出合理安排和决策的保障，有助于降低创业者的风险预期，提高创业积极性，使创业者更好地把握市场机会，促进创业环境的良性发展。

（2）政策的针对性和包容性

政策应当根据各地、各领域、各阶段的创业诉求而具体化，满足不同创业者多元化的创业政策需求。一方面，为新兴业态和新质生产力发展提供目标上的支持机会，更广泛地推动创业者开展多方面创业；另一方面，从允许各种创业机会的自由提供出发，允许进入，放开准入，建立公平合理的竞争机制。针对性的政策支持以及开放包容性都会使创业氛围多元化，主体的多样化也会促使创业能力更强、积极性更高。

（3）政策的有效性和执行力

政府出台的政策措施，唯有在被有效贯彻落实时才会对创业环境造成实际影响，所以，政府不但要切实加强政策执行方面的监督，而且要强化对创业者的培训与指导，提高创业者的创业管理能力，从而营造一个能够真正让创业者满意的环境。

（4）政策的宣传和推广

政府既要制定鼓励创业的相关政策，也要通过媒体和社交平台等大力宣传推广，让有志于创业的人充分了解创业优惠政策与鼓励方向，从而提振创业热情和信心。同时，政府可以通过收集建议与反馈，进而对政策进行改良与完善。在政策和创业者的双向作用之下，塑造更加良好的创业环境。

第二节　创业契机的灵活捕捉

一、创业时代特征

1. 创业时代的特征解析

当前的创业不再局限于传统的观念、传统的领域和传统的过程，新质生产力的融入为创业赋予了全新的特征。

（1）数字性。

数字性体现为创业过程中充分利用新质生产力、数字平台进行产品 / 服务开发与应用的能力。数字创业的基础要素包括数字组件、数字平台和数字基础设施，各要素之间相互关联又各具特点，共同构成了数字创业活动的基础，使数字创业方式的关联性和互动性日益显现。

（2）创新性。

创新的范畴非常广泛，包括新产品、新技术、新过程、新业务的开发、改进或实施。创业者借助新质生产力，能够更加容易地存取、处理和传输各种媒体信息，推动创新活动的规模和范围持续扩大。

（3）开放性。

开放性体现了创业企业在多方面的透明度和合作程度，涉及决策者、资源、创业过程及成果。技术的可编辑性、可沟通性大幅增强了创业企业的网络连接与协作能力，使获取分散数据变得更加容易。

（4）灵活性。

灵活性是指创业企业识别机会并抓住机会的应变能力。数字平台的发展一方面提供了信息获取的快捷路径，另一方面便于及时修正创业战略，从而提升创业企业的灵活性。

（5）价值性。

价值性关注创业过程中的价值创造、分配和获取。随着传统中心化机构影响的减弱，创业企业在价值创造、分配网络中可以直接与其他方交流协作，这一变化推动了新型价值网络的形成。

2. 创业时代带来了什么

（1）更低的创业门槛。

创业企业借助新质生产力，不需要传统的实体店面作为大库存的资源载体来获得大市场，而是可以依据自身经营情况及时开通线上商店，直接面向消费者进行销售。同时，在数字时代，创业者借助创业平台和工具，如众筹平台、社交媒体及云计算技术等，能够更便利地获取创业资源并开拓市场。

（2）更大的市场潜力。

在全球化发展和互联网普及的时代背景下，创业者能够更多地触达全球市场。同时，在数字创业时代，共享经济、在线教育、虚拟现实等许多新兴行业和商业模式可供创业者发展和开拓。

（3）更强的技术驱动。

人工智能、大数据、区块链技术的广泛应用，让创业者拥有了更精细的市场决策和产品迭代的方法。创业者可以通过数据分析更好地洞察市场需求，找到更贴合用户的产品定位。

3. 创新驱动创业的时代价值

创新是经济和社会发展的根本动力。在人工智能、大数据、云计算等新质生产要素加速发展的今天，创业正在通过新一代科技生产力的推动而发生转变，新的科技生产要素促进了数字驱动型创业的涌现，孕育了新兴产业及新的商业发展模式，创造出了新的社会价值。

新质生产力对科技创新的新要求，在于以先进技术开发生新产品、改良生产线，从而影响传统行业的运行逻辑，实现数字产业化和产业数字化。随着数字技术发展的不断加快，越来越多的创业企业通过数字技术构建自身的数字平台及数字生态系统，通过行为管控和资源调配手段，促成不同主体间的合作与协作，释放了生态系统的创新动能，持续性地促进创新价值的产生。

二、创业市场趋势

创业企业在商业计划书的设计过程中，不仅要对新质生产力有清晰的认识，还要分析和把握创业市场趋势，总结出能够经久不衰的创业经验，方便后续业务的开展。

1. 创业风口形成的驱动因素

2010 年之后，以移动互联网为代表的产业形态高速发展，各新兴细分行业领头企业共同经历了行业发展的窗口期，即广义上的“风口”，其迭代速度非常快，几乎每几年都会出现一个新的风口，在政策、资本、技术等因素的驱动下，很快即可验证行业的竞争格局，如图 1–1 所示。

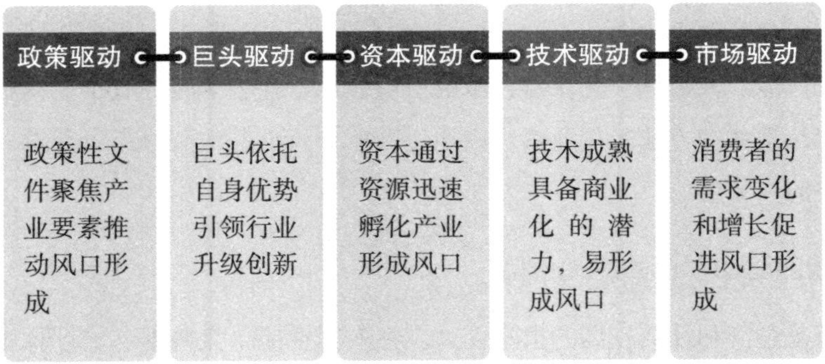

图 1–1　创业风口形成的五个驱动因素

2. 创业两大趋势

（1）创业者不再盲信风口论。

纵观近几年的创业风口，几乎都是围绕移动互联网展开。一个风口出现，则意味着巨大的市场需求，但若创业者一哄而上，短期内必然会出现“千军过独木桥仅余少数人”的情形。因此，追逐风口创业也成为风险系数最大且成功率最小的方向性选择。

（2）精英创业时代来临。

“互联网 +”时代，“草根”创业掀起一阵前所未有的热潮，但随着市场逐渐回归理性，精英创业者在创投市场中的主导地位逐渐受到关注。那些白手起家的成功企业家往往都具备精英创业者的特质，如出身于名校，曾在上市企业担任高管职位，或者拥有海外留学背景等。创业者的分层与整个创业时代息息相关。一方面，创业技术门槛不断提高，市场竞争变得更加残酷，具有高度认知和广泛社会关系的精英创业者更容易取得成功；另一方面，精英创业者不再局限于行业风口，而是试图在已经成熟的商业生态中找到自己的定位，呈现出一种新的创业趋势。

三、创业商业模式

商业模式对于创业者而言是一个关键的议题，它承载了创业企业创造新业务或改造传统业务，以满足用户需求并实现价值变现的核心策略。创业企业需要对典型的创业商业模式进行总结与数智化升级，认清创业企业商业模式的生命周期和必备的商业模式元素，构筑创业企业自身的新质生产力。

1. 创业商业模式的选择依据

创业商业模式是指创业者通过创造新技术、新产品、新服务，开拓新市场机会的方法与策略。创业时，需要做的第一件事就是选择正确的商业模式，而这将取决于市场需求、自身技术能力以及资金筹集能力等因素。

第一，创业者想要创业成功，就必须从市场中找准自己的位置，捕捉市场机会点，开发创造有价值的产品。

第二，创业商业模式的顺利运行需要高度的技术创新能力作为支撑，以确保其产品或服务具备竞争优势，从而吸引更多用户。

第三，创业往往需要大量的资金支持，因此创业者需要具备良好的资金筹集能力，以确保创业的持续发展。

总之，创业商业模式的选择需要根据创业者各方面的能力而定，同时要对市场有足够的预见力，以随时对商业模式做出改良，适配不断更新的市场形势。

2. 创业商业模式的发展完善

只有选择适配的商业模式，才能保障创业企业的未来长远发展，创业者一定要对此给予足够的重视。不同阶段的创业企业具有不同的财务特征和经营特色，且受到外部环境的不同影响，因此，不同的创业企业在发展的不同阶段需要采取不同的战略和商业模式。

（1）初创阶段。

在初创阶段，创业企业需要确定一个简单明了的商业模式。该阶段的创业企业资金有限、产品线单一、生产规模不够大、盈利能力不够强，但创业者具有较强的向心力和冒险创新精神。

（2）发展阶段。

当创业企业进入发展阶段，需要凸显与竞争对手的差异化。这时创业企业进入快速增长期，开始与外部企业合作创新，虽然企业已有一定的销售收入和现金流，但为了追求更大的市场份额，迫切需要更多的资本投入。

（3）成熟阶段。

创业企业发展到成熟阶段后，其重点在于成本收益控制。经过发展企业的品牌已经树立，但这一时期稳定心态占据主要地位，创业者的创新性、拼搏精神缺失，使得企业缺少生机。

商业模式是创业企业的战略体现，良好的商业模式不仅能让初创企业明确方向和运营的方式，而且更容易获得投资者的喜爱。

3. 创业商业模式的四大要素

（1）用户价值主张。

用户价值主张是商业模式的灵魂，从用户视角定义产品或服务的独特价值体验，是企业在行业中实现差异化的关键。

（2）盈利模式。

盈利模式是企业利润驱动机制，明确说明了企业的收入来源、利润产生的逻辑以及最终利润的形式。

（3）关键资源。

关键资源是企业拥有并用于传递价值主张的核心资产（如人力、技术、产品、设备、品牌），其核心在于价值创造要素及互动方式。

（4）关键流程。

关键流程是确保业务可持续扩展与复制的运营与管理流程（如员工培训、生产、预算、服务），是业务稳定运作的基础。

创业商业模式看似简单，其实蕴含诸多内在规律，其力量源于各环节间相互依赖形成的复杂系统。在创业企业的商业计划书中，需要清晰地说明如何将各环节进行整合运作，让每道工序的变动点可以被其他环节包容并发挥作用，以维持稳定的态势并实现演进。

创业时代专栏 1-2

恒宝股份：引领数智商业模式

1. 企业介绍

恒宝股份有限公司（以下简称恒宝股份）是国家火炬计划重点高新技术企业，为商业银行、军工、交通、公共政务等领域提供高端智能产品和数字安全解决方案，为多项应用卡产品系统提供芯片设计解决方案，先后多次获得“国家金卡工程金蚂蚁奖”，被国家发展改革委批准为国家智能卡研发及产业化基地，是首家通过车规级标准的智能卡设计和制造企业。创业基因是恒宝股份发展的动力和根本，恒宝股份将以数智化商业模式为导引，在不断创新的过程中，为打造更安全、更智能的数字化大系统提供有效、专业的服务和支撑。

2. 数智商业模式

（1）数智未来。

恒宝股份积极顺应数字时代发展大潮，不断探索人工智能技术应用，寻找大数据时代 AI 对于金融业在风险管理及智能投顾方面的赋能，为客户带来差异化、定制化及丰富的智能金融体验。

在创新创业的驱动下，恒宝股份通过对大量数据进行收集、分析、挖掘，能够知悉用户的需要、行为偏好等，并以此为基础为用户提供更加个性化的、贴心的金融服务，实现了数智商业模式全环节的提升。

此外，恒宝股份在结合区块链技术对未来发展进行预测的同时，也在积极探索数字资产交易平台支付系统和结算系统创新等。区块链技术的使用无疑给金融交易的安全性和速率带来有效的保障，使得智能商业模式的进程更加迅猛，恒宝股份为人们提供更为安全、便利的金融生态系统，将创业精神发挥到了极致。

（2）服务模式创新。

恒宝股份作为互联网金融科技服务商，追求服务创新，打造简便、个性的金融生态，致力于为用户提供便捷、个性的互联网金融，通过打造数智商业模式，将创业基因融入服务创新血脉之中。借助互联网平台及 App 平台等途径，为企业及客户提供增值服务，方便用户管理账户、购买理财产品及资金交易等，使用户随时随地可享受到金融服务。

从服务上来看，恒宝股份更侧重于私人定制。恒宝股份通过梳理用户全面的风险偏好、投资目标和财务需求，私人定制投资计划、理财方案，提供多样化的金融理财产品，满足各类客户需求，很大程度上体现了数智商业模式的活力。除此以外，恒宝股份还提供支付服务、会员管理体系等。通过“一卡易”等会员管理体系收集商户长期、真实的交易信息，对 C 端用户的消费数据进行加工与分析，辅助企业了解实际经营和消费能力状况，从而对征信、供应链金融、P2P（点对点）金融等给予有效的数据支持。

（3）创新路径优化。

恒宝股份一直探索适合自身的创新路径，以提高自身运作速度、加快发展进度。公司通过运用前沿数据处理技术，从大量数据中提炼并筛选出更为精确的处理方法作为各部门的发展方向与思路。此外，在工序上不断完善优化，大大提升了生产效率与管理水平。

在智慧运营方面，恒宝股份持续推动智能化生产改造，通过自动化生产降低人工操作的繁复性与差错率，提升产品产量与质量，同时强化与供应商、用户的合作，协同供应链与管理效益实现互惠共赢。在该过程中，智能化商业模式呈现，通过人工智能、大数据分析等技术革新交易系统和风险管理，持续提升产品质量和用户体验，满足用户不断变化的需求。

3. 发展总结

在创业商业模式不断发展的新时代，恒宝股份通过数智化升级并不断探索新路径，在该领域的持续投入已初见成效。恒宝股份若想获得更广阔的市场发展空间，还需要不断加大对创新性技术的开发与应用，持续为用户提供更多智能化、个性化的金融服务，不断满足用户的实际需求。

四、创业潜在机遇

创业者需要深度洞察现状，敏锐地预判未来，立足我国经济长期发展趋势，寻找创业机会并动态地调整方向。

1. 高性价比的产品或服务需求

需求驱动着经济的增长，而消费是需求的基础。如今，中低收入群体在消费市场中的份额日益增加，随着这一群体的消费升级，也为创业企业带来了更多的商机。与此同时，除极个别领域和品牌外，行业都必须适应低定价倍率（价格 / 成本）的生存逻辑。在低定价倍率下，创业企业的盈利模式、产品、运营、营销、销售都要在根本层面进行变革创新，通过提供性价比高的服务和产品满足更多中低收入群体所需，这是一个巨大的商机。

2. 科技创新

科技具有改变用户价值和降低用户成本的能力，在当今科技日新月异的时代，创新已不再是可选项，而是企业生存和发展的必备条件。因此，创业企业应坚持投入科技创新，以技术突破驱动发展。但要注意，技术创新不仅是一个持续性的过程，更是一个长期的坚守，需要企业持续、稳定的研发投入。

3. 新基建

以 5G、物联网、人工智能、数据中心、智能交通、智慧能源等为代表的新基建项目正成为经济发展的新动能，对于创业者而言，这一领域不仅意味着万亿级市场规模的开启，更蕴含着广阔的创业空间。创业者可以通过选择合理的商业模式，从适配自身资源的细分领域入手，借助成熟企业的技术体系和运营经验，实现低风险、可持续的创业发展。

第三节　大众创业的燎原之火

一、创业文化激发创业活力

1. 创业文化的内涵

创业文化是创业者在创业过程中展现出的一系列价值取向、道德准则、创业精神、创新能力以及行为方式的总和。如果把创业文化简单地看作创业者在创业实践过程表现出来的各种要素的整合，过分强调“创业”这一概念，就容易导致思想的单一性，不利于创业和文化的融合，难以激活自主创业精神，甚至对创业思维形成桎梏。

在数智商业计划书中，创业企业的创业文化一般被描述为动力源，揭示创业企业的创业精神、创新和合作精神，以利于对创业伙伴和员工形成吸引力并留住人才，也可以向潜在投资者展示创业企业独一无二的价值和长期增长潜力。通过展示如何通过日常操作和决策体现创业文化，创业企业可以突出其在竞争激烈市场中的独特定位。创业文化中，四种最常见的组织文化类型如图 1–2 所示。

图 1–2　创业文化中的四种组织文化类型

2. 创业文化的特征

创业文化的核心是创业企业所呈现的环境氛围、工作状态以及员工心态。主要表现在以下几个方面：快速增长和规模化、持续创新、扁平化的组织结构、高风险和不确定性、长时间工作、紧迫的截止日期、轻松的着装和工作环境、员工的自主权和所有权等。

在创业文化中，同样也包括福利、风险以及个性因素。创业文化通常与吸引人的附加福利相关联，然而，随着客户需求日益增长和工作任务的增加，长时间工作和任务截止时间紧迫逐渐变得普遍，员工需要面临如何保持工作与生活的平衡，以及在创业企业进行精益运营时，通常需要一人承担多项职责等问题。快节奏和积极成长的氛围吸引着某些性格类型的个体，同时可能让其他性格类型的个体难以适应；多任务处理者以及竞争型个体能够灵活应对不断变化的优先事项，适应多变的情况，反之，缺乏弹性和适应能力的人则可能会在面对模棱两可的情况时感到困惑。

3. 创业文化的重要性

创业文化为创业企业确立了基调、态度和职业道德标准，并与人才招聘、员工忠诚度、员工留任率和绩效结果紧密相关。充满活力的创业文化有助于唤起员工的激情，引导其关注企业目标而不是个人目标，所以，从企业初创之际就确立良好的创业文化十分重要。创业者一定要用积极的行为有意识地“养成”体现创业企业价值与愿景的创业文化。确立体现创业精神的仪式、传统以及员工福利体系，都是培固创业文化的有力手段。

创业时代专栏 1-3

百度：打造历久弥新的创业文化

1. 企业介绍

百度在线网络技术（北京）有限公司（以下简称百度）作为一家在人工智能领域处于领先地位的高科技企业，拥有雄厚的互联网基础并成功入围中国企业 500 强。百度专注于技术革新，涉及领域包括深度学习、会话式人工智能操作系统和自动驾驶等。公司的创业文化鼓励员工大胆创新，激发团队的创造力和活力，使其能够在不断进步的科技领域中保持竞争优势。

2. 百度的创业文化

（1）敢于尝试的创新精神。

百度为员工提供宽松的创新环境，创造创新机会，鼓励员工敢于尝试挑战，点燃员工的创新思维。百度不仅重视内部团队的个人能力，也重视团队协作以及创新意识的培养。团队成员之间通过相互分享知识、交流经验，提出新的想法和方法，高效、快速地解决问题，为企业的创新力和竞争力提升提供了可靠保证。

百度长久以来一直追求创新，不但促进了内部发展，而且推动了整个行业的进步。过去 20 年，百度通过对产品和服务的不断更新迭代满足用户需求，最初提出的“每秒不能超过 1 分钟必须出搜索结果”的承诺，既是百度的核心使命，也是百度对用户体验的重要性的认识。百度既不断创新技术，又善于创新商业模式。采取“牛卡计划”赴美上市为中国企业摆脱外资掣肘提供了可能，这种敢于尝试的创业精神，让百度在商业模式上跳出固有框架，为企业提供了新的市场拓展思路，为商业生态的多元化发展注入了新的活力。

（2）与硅谷文化的完美融合。

百度董事长李彦宏在美国硅谷工作的 5 年中目睹了 2000 年前后疯狂的科技

泡沫，也亲身经历了技术创新浪潮，使得他对硅谷文化有了更为深入的认识，也在内心真切体会到了硅谷文化以人为本的精神。

硅谷文化最重要的体现是在百度刚开始创业的阶段，百度除了拥有一个研发部门，其他部门都是最大限度精简化的状态，这样的组织结构可以帮助百度专心从事搜索引擎的研发，迅速把产品投向市场，并迅速赢得消费者的信任。

此外，百度在人才培养方面非常注重员工潜能的培养、自我学习能力的培训以及创新能力和领导能力的培训，提倡沟通、分享、团队协作创新文化。开放的工作氛围和积极的团队精神能够让团队中的每一位员工自由地发表意见和观点，通过创新思维与批判性思考的一次一次碰撞，在试错与迭代中持续取得新突破。

3. 发展总结

百度作为国家创新科技领跑者，不仅在技术创新方面实现多次突破，其所塑造的创业文化也堪称创新的典范。在未来的发展中，百度会继续坚持科技创新，取得更大突破，给国人带来更多的震撼和惊喜。

二、全民创业开拓创业思路

1. 微观层面的全民创业

（1）认识市场的多元化与竞争的激烈化。

随着科技的高速发展，市场呈现出更加复杂、动态和多元化的特点，为适应市场变化，创业企业需要引导团队不断地进行技术创新与业务创新，从创新中寻找并发现市场的机会点，这样才能在激烈的市场竞争中最终胜出。

（2）注重团队建设与人才培养。

打造一个充满生机和活力的团队，是创业企业生存发展的基本条件之一。其中，明确一致且深入人心的目标是创业团队的灵魂，相互信任和良好的心态是创业团队必备的素质。只有通过团队协作不断提升整体效能，才能助力创业企业稳定持续地发展。同时，创业企业应当重视对人才的培养，为企业员工创造学习成长的机会，激发员工创新的热情。

（3）重视市场营销和品牌建设。

市场营销是品牌建设的手段和路径，品牌建设则是市场营销的核心目标。在竞争日益激烈的市场环境中，创业企业在持续提升产品和服务质量的同时，要不断地创新和改进市场营销策略，通过市场营销手段，将自身的产品和服务与竞争对手区分开来，赢得消费者的信任和口碑，以品牌建设赋能企业可持续发展。

（4）充分利用外部资源，拓展合作网络。

全民创业时代，对结盟伙伴、合作对象等的选择变得格外重要，创业者可以与其他创业企业结成联盟，携手共进，实现市场资源共享和经验分享，降低和化解创业过程中可能面临的各项风险。

2. 宏观层面的全民创业

（1）强化全民创业意识。

社会经济的发展，不仅取决于资源的丰富度与配套资本，更取决于社会普遍的创业意识。推动全民创业，关键就是要改变人们的思维方式，强化人们的创业素质，包括创业精神、创业品质、创业知识与创业能力等基本素质。其中，创业精神表现为敢于挑战、积极竞争、不断开拓，创业品质表现为独立思考、善于交流、坚持不懈，创业知识是指创业者必须具备的专业知识、管理知识、法律知识、营销知识和会计知识，创业能力则包括学习能力、应变能力、沟通能力、经营管理能力、自我控制能力和心理素质能力等。

（2）调动全民创业积极性。

创新创业是市场经济活力的重要源泉。世界经济论坛创始人兼主席克劳斯·施瓦布强调："我们的责任不仅仅是要推动全球经济的增长，更是要确保我们的创业的精神能够得到很好的利用和驾驭。"同样，区域经济并不是由少数主导产业和企业拉动的，若没有激发大众的创业热情，就不会有真正的经济大发展。

（3）优化全民创业的整体环境。

在创业初期，创业者考虑更多的是当地的政策鼓励、劳动者素质、创业文化、人才培养、资源配置等情况。因此，要为创业者营造一个长期、有利的体制环境，完善城乡统一的劳动力转移机制，加强基础设施建设，建立有利于引进和培养人才的环境，进一步推动创业活动的发展。

三、创业生态助力创业加速

1. 创业生态的资源构成

创业生态是指各种创业要素有机结合共同组成的一个开放和复杂的生态系统，包括企业、企业家、政府、资本方、科研机构、行业协会等相关创业参与者，构成一个网络，助力创业企业的创新与发展。

在数智商业中，创业企业的创业生态可以通过描述公司如何与关键合作伙伴、供应商及用户网络的相互作用来体现，包括创业企业在行业中的定位、如何利用现有的商业关系和技术资源加速培育新质生产力等。通过这些，投资人可以清晰地看到创业企业不仅是单一实体，更是活跃在更广泛的商业生态中的参与者。

创业生态的资源构成包括以下六个方面，如图 1–3 所示。

人力资源	资金资源	知识资源	技术资源	市场资源	政府资源
创业企业需要招聘各类企业所需人才，构建优秀团队	创业企业的启动和研发以及市场推广与营销都需要资金支持	创业企业需要持续更新理论知识并结合实际融入创业过程	技术在创业中作为核心资源可以推动产品和服务的创新	市场资源是创业企业满足市场需求、扩大市场份额的重要依托	政府资源为创业企业提供各类支持以实现部分难以企及的目标

图 1–3　创业生态的资源构成

2. 创业生态的特点

（1）多元化。

创业生态圈中包括各大小层次的创业机会以及创业企业。多元的创业生态能够为创业者提供更广泛的创业选择，支持不同领域之间的相互交融与合作。

（2）开放性。

创业生态环境是一个开放系统，与外部环境相互关联。具有资源吸引能力和集成能力的创业生态环境，应该对世界范围内的人力资本、技术与市场机会保持开放态度，才能最终形成良性循环的共赢格局。

（3）评估与监控。

完善的创业生态系统能够对创业活动的行为过程和结果进行监督、评价分析，并提供指导和帮助。同时，通过对创业者的评估，优化资源配置，助力创业者适应市场需求和创业环境的变化。

（4）互动与合作。

创业生态鼓励创业者之间良性的互动合作，利用孵化器、创业活动和创业社区等方式促进创业者之间分享经验、共享资源共享，甚至结成联盟，由此提高其创新能力和竞争力。

（5）可持续发展。

合理的创业生态系统需要良好的投融资环境、各项政策的支持以及支持创新创业的文化氛围，在这样的环境中，创业生态系统能够更加健康地持续发展，并且有利于孕育新的创业机会与创新项目。

创业时代专栏 1-4

紫光股份：构建智能算力创业生态

1. 企业介绍

紫光股份有限公司（以下简称紫光股份）是一家于1999年成立的ICT（信息和通信技术）领域服务供应商，秉承“智算引领，联接未来”的企业愿景，历经20多年发展，形成了“云－网－算－存－端”全产业链的智能算力生态体系。2023年，紫光股份通过收购新华三股权以及全面升级AI算力战略，营收体量达到860亿元，主营业务呈现高增长态势。紫光股份基于端到端的智能解决方案助力千行百业，筑牢数字化转型、智能化创业的底座，是国内AI基础设施领域的领军企业。

2. 智能算力创业生态

（1）算力服务生态。

数智化时代，各方面对智能算力的需求持续增加，紫光股份正在努力构建一个覆盖全生命周期的服务生态系统。其子公司新华三集团深度参与研发和适配，服务落实于智算中心的各个环节，并创建“数字大脑”平台，以此推出智算中心的设计、建设及维护全流程服务。此外，紫光股份借助AI计算集群管理和液冷技术等手段，帮助企业全面降低AI应用算力成本。

（2）技术产品矩阵。

紫光股份围绕“联接＋计算”这一核心发展方向，搭建了一套多元的技术产品体系。公司成立紫光股份智算服务器产品线，覆盖从通用到液冷AI全系列服务器产品，匹配从训练到推理全场景应用；推出全球首款1.6T智算交换机，网络创新大幅提升智算能力建设效率，协同光互连解决方案解决数据中心性能的短板问题，技术指标领跑国际先进水平；通过自研NP芯片和智能网卡，切实减轻用户网络部署的难度，为创新创业业务提供高效、开放的底层硬件支持。

（3）行业解决方案。

在智能制造、智慧城市等场景领域，紫光股份推出“AI+”行业解决方案。以面向中小企业的轻量化智算解决方案为例，紫光股份利用模块化设计减少用户的前期资金投入，与互联网巨头共同打造的行业大模型平台同时向创业型企业开放，提供易用的 AI 开发工具。利用“技术 + 生态”的驱动模式，加速推动用户将智能化的场景真正落地，以最少的创新时间实现智能化转型。

3. 创业生态优势

（1）全产业链自主技术积淀。

在交换机和服务器等关键领域，紫光股份凭借子公司新华三的深厚积累构建起覆盖“芯 – 云 – 网 – 边 – 端”的完整技术圈。值得注意的是，公司在 2024 年完成了对新华三的绝对控股后，研发上的协同效应显著显现。当前，紫光股份年度研发投入已突破 70 亿元大关，积累的专利授权数量稳居行业前列。尤为关键的是，紫光股份积极践行技术开源策略，与生态伙伴共享创新成果，有力地推动了智能算力生态走向普惠化。

（2）全球头部客户生态网络。

紫光股份作为字节跳动、腾讯等头部互联网企业基础设施供应商，服务和推进全球范围内的智算中心建设，已交付 AI 服务器 10 万台以上。公司通过“灯塔客户”实践验证促进产品和技术创新，建立覆盖“5000+”伙伴的生态体系，为创业生态提供技术试验证明、商业落地能力等全方位支持。

（3）政企协同创新平台。

紫光股份直接参与承建了 10 多家国家级算力枢纽，并以成立 AI 创新中心的方式和政府共同支持本地中小企业，提供算力优惠、技术教育等，大大地节省了中小企业的智能化转型成本。2025 年公司通过增发 H 股，进一步拓展全球化生态战略部署，提升公司境外融资的能力和保证本土创业企业出海的成功率。

4. 发展总结

紫光股份正专注于智能算力升级，构建创业生态。未来，公司将加速海外业务扩张，深化与 AMD 等合作伙伴的全球布局，持续深耕边缘计算、行业大模型，围绕创业主体提供更新的 AI 赋能方案。紫光股份将继续沿着“技术 + 生态”的主线支持创新创业，促进更多的创业主体通过 AI 实现创新，共创智能算力新生态。

第四节 共享经济的广阔空间

一、共享经济下的创业优势

在创业市场中，大家对共享经济的概念并不陌生。共享经济的本质是通过社会化平台将原有的社会闲置资源使用权暂时进行转移，进而创造价值实现一定的收入。共享经济模式的兴起使创业变得更加简便，更多的低成本创业成为可能。

1. 共享经济，促进全民创业

共享时代下，每个人既是生产者也是消费者，在互联网上共享能源、信息和实物，各种“分享”层出不穷，分享分享教育、分享咨询、分享养老、分享物流，甚至知识、人脉、时间都可以通过某种经济模式得以分享。在这样的背景下，创业机会无处不在，关键在于创业者能否发现商业机会，并将之转化成高盈利的商业模式。创业者需要具备良好的商业眼光和运营能力，熟悉市场，洞察用户需求与行为，进而为其提供合适的产品与服务。同时，还要拥有创新思维，不断开发新模式及新产品，维持竞争优势。

2. 共享经济，提供低成本创业机会

共享时代下，大众创业的门槛将越来越低。对于共享创业而言，成本主要包括生产成本、获客成本以及运营成本，成本种类的多样性取决于共享模式的多样性。资金充裕的创业者可以选择独立经营，利用自身资金优势和资源优势快速地在市场中建立品牌和口碑，从而获得更多的用户与收益；资金有限的创业者则可以借助加盟的方式，利用平台上已有的品牌和用户资源，减少进入市场的成本和风险。

3. 共享经济，提供轻松创业机会

在共享创业中，社会化平台作为整条创业链的核心部分，肩负着统合共享资源、提供技术支持以及指导企业发展的作用。平台的经营通常采用直营或代理两种方式。直营模式虽然能为创业者带来更强的控制力，但对资金和人力资源的高度依赖，也意味着更高的运营风险。而代理模式本质上是一种联合创业机制，显著降低了创业门槛，让更多的人得以参与到共享经济的浪潮中。对于希望加入共享创业的创业者来说，只需找到合适的场景，让产品与客群建立稳定的联系即可，其他诸如产品资源的供给、产品运营以及后台服务等都可以通过平台来解决。只要你抓住机会，轻松创业就会成为可能。

二、共享经济下的创业风险

共享经济具有明显的网络性、跨区域性以及跨行业性的特征，存在多元化的交易主体类型，增加了其模糊性和不确定性。而且，因为交易环境的虚拟性、隐蔽性等，使得参与者面临信息不对称的问题。共享经济的这些特点使其难以适应传统的经济管理法规及行业标准，也使创业的复杂性、风险性大大增加。

1. 法律风险

在共享经济高速发展的过程中，也暴露出许多问题，例如相关法律规范缺失、信息系统不完善以及共享平台对用户信息保护不到位等，不但引发了公众对其合法性的质疑，而且导致了公共安全保障和纠纷处理机制的不完善。此外，共享经济突破传统交易壁垒，依托互联网技术最大限度地提升了交易效率，但因为交易的匿名性和线上特性，使税务机构无法直接了解交易纳税人的真实交易信息，税收征缴困难，不可避免地出现逃税漏税等行为。这些可能都会给创业者带来各种各样的法律问题，从而影响到创业的进程。

2. 道德风险与负外部性风险

共享经济交易主体众多，交易环境本身存在着不确定性，网络化、虚拟化和

匿名的交易平台特质致命信息不对称，从博弈论的角度来看，信息不对称会导致交易中道德风险的出现，知识技能共享的资源供给方可能因信用风险而做出损害他人的行为。同时，信息不对称和信息博弈不足还可能造成“逆向选择”现象，出现劣币驱逐良币的结果，从而使资源错配、浪费，形成“倒淘汰”效应。不仅如此，共享经济还存在负外部效应，即共享情境中某一资源对其他资源产生积极或消极影响。

3. 缺乏有效监管带来的风险

共享经济作为一种新型的经济组织形式，构建了由供应商、生产者、使用者、管理者及提供同一类型的其他服务或商品的服务方组成的生态系统。而许多新兴组织模式通常存在监管缺失这一特点，会对模式内部的参与者和政府相关部门之间的互动产生影响。创业企业面对监管空白，需要更加积极主动地行动。一是应充分了解现有的规制空白，寻找其中的机遇，并在此基础上进行创新和发展；二是主动参与到新规制的制定过程中，为自身的发展争取更多的空间和机会；三是加强内部管理，提高自身的规范意识和风险防范意识，以应对可能出现的各种挑战和风险。

三、共享经济商业模式的核心机制

要理解共享经济商业模式的核心机制，需要从交易、商业推广、治理模型、平台类型以及技术五个维度进行分析。

1. 交易

共享经济下的交易模式主要分为市场型、替代型和免费型。市场型交易按照需求定价，一般比较受大型风投公司的青睐；替代型交易中，大型公司通常会允许服务提供商在未来提供服务时再进行交易；免费型交易则主要是依赖赞助或广告收入，借助品牌效应或补贴维持运营。

2. 商业推广

共享经济下的推广模式主要有利润驱动型和混合型两种。利润驱动型模式的基本目标就是盈利，而混合型模式最初可能追求利润，但随着进一步的发展，公司会融入对社会文化和环境贡献的目标。

3. 治理模型

共享创业企业的治理模式经历了从传统公司结构向协同治理，再向合作模式的演变。传统结构是依赖风投的创业企业的首选；协同治理模式下，大公司会与用户及利益相关者在平台上合作推进项目；尽管合作模式目前应用较少，但随着平台互动的深入，其好处日益明显，预计未来会显著增长。

4. 平台类型

共享平台主要分为三类：B2B（企业间在线交易产品、服务和信息）、B2C（企业直接向消费者在线销售商品）和 P2P（平台聚集个人用户的小额资金，借贷给其他有需求的个人用户并提供担保）。

5. 技术

共享经济下的创业一般都是由技术作为支撑的。以技术驱动的商业模式不仅能够利用技术实现用户的连接，而且能够在线上实现所有的交易过程，减少对线下协助完成的依赖。不过，虽然多数公司偏向于利用技术来进行沟通，但仍有部分场景需要与客户进行线下互动来促成交易的完成。

篇末案例

中科曙光：国产算力龙头的硬核突围

1. 企业介绍

曙光信息产业股份有限公司（以下简称中科曙光）从引领我国高性能计算产业腾飞到发展国产计算能力建设全产业链，再到“东数西算”和信创政策驱动下的战略升级转型，它的每一次跨越，都是科技企业创新实力和时代机会的见证。公司在技术迭代中领先于同行，既有中国科学院技术背景和创始团队科研攻坚实力加持，也有对国家发展所需的精准洞察和把握。中科曙光在结构调整后持续处于国产算力基础设施产业龙头地位，借助技术突破和产业协同，在国产替代和全球产业发展中实现新的增长突破。

2. 技术演进与产业布局

回溯中科曙光的发展历程，其成功可归因于三次关键的战略跃迁，而技术自主始终是其不可动摇的根基。

（1）超算筑基：承接国家战略要求。

中科曙光自2006年成立以来，主要从事HPC（高性能计算）业务，承担国家级超算中心项目建设，实现技术领先；2014—2021年，中科曙光开始向全产业延展，借助海光信息、曙光数创子公司孵化上市，实现从芯片、服务器到云计算的全栈产品交付，逐步推进产业格局构建；2022年以来，中科曙光推进融入“东数西算”与人工智能算力，推动液冷技术产品走向全球化，打造自主可控算力生态。

（2）生态突围：全产业链协同创新。

中科曙光立足于我国信息产业的薄弱环节，迎难而上，凭借自主创新突破封锁。中科曙光2016年投资成立海光信息，自主研制支持CUDA编程的DCU

芯片，2023年海光深算二号已经达到与英伟达A100同等的计算能力，占据国内15%的AI芯片市场份额。子公司曙光数创的浸没液冷服务器单机柜功率为750千瓦，PUE（电源使用效率）值小于1.04，中标马来西亚数据集团超级计算中心，成为走向全球化的标志性项目。中科曙光依靠垂直一体化产业链完成“芯片－硬件－系统－服务”多维整合，由此构建起“技术＋成本”双壁垒，公司2024年交付的信创服务器同比增长47%，金融、电信行业国产化替代率超过30%。

（3）智算重构：AI浪潮下的智算升级。

2023年AI算力需求迅速增长，中科曙光迅速响应并构建“玄智”AI服务器产品线，自研创新异构计算方案提升算力效率。2024年公司AI服务器业务占比从不足5%跃升至18%。同时，公司为广大生态伙伴推出“曙光智算”服务平台，提供算力调度、模型训练等服务，实现从硬件供应商向算力运营商的转型。

3. 核心业务与创新突破

（1）传统优势：高性能计算持续领跑，筑牢国家战略基石。

中科曙光的HPC技术基础和市场地位可以视作公司优势壁垒的重要组成。公司作为我国超算龙头之一，在国产超算设备市场持续保持领先，2024年全球超算500强榜单中，公司上榜机器达到60台，占全球超级计算机份额的12%。此外，公司成功自研出“硅立方”浸没液冷计算机系统，大幅节省了机柜空间、降低能耗，成为全球绿色超级计算机的典范。目前中科曙光为中国科学院、中国气象局提供了10余套全浸没式超级计算机系统，可以支撑高精度数值天气预报和气候预测等重大计算项目。随着全球科研算力需求逐年增长，公司2024年营收规模突破58亿元，HPC业务毛利率稳定在40%以上，为技术研发与生态扩张提供了有力的支持。

（2）创新引擎：液冷技术全球突围，定义数据中心能效新范式。

子公司曙光数创的浸没式相变液冷技术达到国际领先水平，不仅颠覆了传统数据中心散热模式，更成为中科曙光全球化战略的关键突破口。2024年推出的“冰山”系列一体化液冷机柜，采用模块化预装设计，大幅缩短交付周期，适配多功率的弹性需求。在国内市场，公司已获字节跳动万卡级AI算力集群、腾讯云华北数据中心等项目批量采购，市场占有率高达 61.3%。海外市场方面，公司中标新加坡国立大学超算项目，为其提供先进液冷解决方案，较当地传统方案节能 50%。同时，公司与沙特阿美达成战略合作，为其 NEOM 未来城项目定制沙漠高温环境液冷系统，实现 55℃极端气温下数据中心零水耗运行。此外，公司已构建包含 217 项专利的知识产权矩阵，成功构建专利护城河，2024 年液冷业务营收同比增长 82%，成为公司利润率增长最高的部分。

（3）生态重构：算力网络价值升级，开启服务化转型新篇章。

中科曙光由“硬件供应商”转型为“算力运营商”，聚焦于“芯片授权 + 算力服务”双引擎构筑产业生态。

在硬件方面，开放海光 DCU 芯片的指令集授权，与华为昇腾、寒武纪思元芯片共同构建异构化算力服务器，推出“玄智”系列 AI 服务器，实现混合算力算效提升至单一架构的 40%，全栈式支持客户复杂算力的需求。

在服务方面，“曙光智算”将全国范围内的 15 家智算中心、超过 50EFLOPS 算力及数据、算力全栈服务整合进来，供用户一站式线上订购混合算力，按次按秒计费，2024 年服务企业用户超过 2000 家，使得公司的云服务收入增长率达到 67%。

在生态方面，成立了以公司为理事长单位的“九州”算力联盟，结合百度飞桨、华为 MindSpore 等 AI 软件框架进行对接，跨架构、混合式算力资源池化调度能力使得资源利用率由 35% 提高到 72%。

在城市级智算中心的打造方面，提出“1+N+X”模式（1 个城市算力枢纽、N 个行业子平台、X 个边缘节点），已经在苏州、成都等 15 个城市完成落地，从基础设施、垂直场景解决方案上实现全流程服务。

4. 发展总结

中科曙光在国家战略指引下实现硬核技术的突破，在核心技术突破过程中构建了强大的生态竞争力。短期来看，AI 算力订单与液冷业务出海将刺激业绩高速增长；长期来看，通过海光信息、曙光数创子公司上市计划有望带来千亿级生态价值的释放。在全球算力格局中，中科曙光应在技术突破与产品优化方面加速芯片制程突破与 AI 服务器的份额提升，以及在算力服务模式探索过程中加速寻求新的爆发性成长点。同时，在“国产替代＋数字中国”双重政策红利驱动下，中科曙光将从追随者角色演变为规则的制定者角色，助力我国算力产业再升级。

本章小结

随着数字浪潮的兴起，一个充满机遇和挑战的创业时代到来了。本章第一节从数字驱动、技术创新、消费升级和政策扶持等层面，描绘了创业时代的辉煌背景；第二节从创业时代的特征、市场趋势、商业模式以及潜在机遇等角度，揭示了创业的多重面向与可能性；第三节通过对创业文化、全民创业理念以及创业生态的阐释，展现了创业活动在社会层面的广泛影响与发展趋势；第四节主要讲述共享经济下的创业优势、创业风险及其商业模式的核心机制，为创业者提供了更为广阔的创业想象空间。

第二章

创业定位

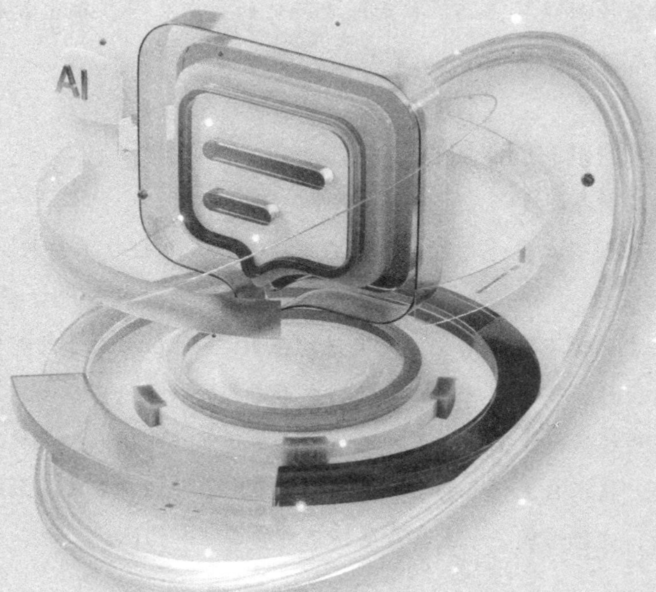

创业过程中，面对竞争激烈的市场环境，如何找准战略定位，组建优秀的创业团队，锚定正确的方向，最终实现自己的价值，是每一名创业者必须面对的问题。

开篇案例

中兴通讯：技术报国的创业征程

1. 企业介绍

中兴通讯股份有限公司（以下简称中兴通讯）是一家全球领先、以自主创新为根基的高科技企业，致力于推动数字化世界的建设。中兴通讯自 1985 年创建以来，已形成全球化产业链并在 160 多个国家和地区广泛布局。中兴通讯坚持自主创新突破技术瓶颈，为世界各国提供先进的 5G 网络通信解决方案、云计算能力平台及智能手机系列产品。作为深港两地的上市公司，年度营业收入超千亿元，市值稳居通信设备领域全球前列。

2. 中兴通讯的创业初心

（1）破局求存：技术人的产业报国梦。

中兴通讯创始人侯为贵创业之前在航天 691 厂担任技术科长，44 岁时到深圳创办通信企业。1985 年，侯为贵以“实现国产通信设备进口替代”为使命，创办了中兴半导体有限公司（中兴通讯前身）。公司在初创阶段资金困难，侯为贵依靠技术设计，获得了航天 691 厂与香港资本的联合投资。面对外资收购的诱惑，侯为贵最终选择了坚持自己的道路，并立下了“中国人领导技术设计”的标准，这也是“技术自主化”的企业基因的起点。在股权分配中，创始团队一直遵循创业契约，由此形成了一支具有坚持精神的工程师团队。

（2）极致创新铸就通信硬科技工匠精神。

中兴通讯创新性地攻克了毫米波相位稳定校准技术，在基站信号稳定性上成功达到行业最高水平，并实现全球首个高铁全线5G网络全覆盖项目。公司开发工程师通过纳米级精准微调打造出公司自主芯片，在功耗大幅降低的同时，良品率达到国际先进水平。公司创立“三全三化”的品控体系，实现全程标准化覆盖、全要素数字化覆盖、全员智能化覆盖，该体系于2024年获得中国质量协会五星级认证。

（3）技术立命实现从跟随到引领的历史跨越。

中兴通讯坚信坚持研发投入才能实现技术突破，近10年来已投入研发费用1400多亿元。中兴通讯在5G创新中全球首发端到端网络切片技术，并已部署到70万个政企业务专网。在基础设施软硬件方面，其自主研发的定海芯片达到了7.2Tbps转发，改变了由国外企业主导的局面。中兴通讯拥有约9.15万件全球专利申请，累计约4.6万件全球授权专利，其中标准必要专利位列全球前三，实现了从标准的追随者到标准的制定者的转变。

3. 战略定位：从通信设备商到数字生态引擎

（1）精准锚定连接与算力双轮驱动战略。

中兴通讯以程控交换机国产化为起点奠定技术根基，其自主研发的ZXJ10机型曾经占据国内程控交换机市场40%的市场份额。2018年全面开启“数字经济筑路者”战略转型以来，中兴通讯明确运营商网络和创新业务双驱动主引擎战略，其传统的通信业务领域，5G基站全球出货逾120万台，连续三个季度保持全球第二，并深度参与全球运营商中国移动、中国电信等5G SA（独立组网）规模网络建设。在政企业务方面，2025年第一季度AI服务器在字节跳动数据中心部署量突破5万台。在消费者业务方面，发布全球首款支持本地百亿级大模型的努比亚Flip2手机，拉动终端业务营收同比增长25%。

（2）技术民主化战略推动AI普惠千行百业。

中兴通讯自研Co-Sight零代码AI开发平台，实现了简单短时完成建模，将AI企业应用从开发到上线周期降低80%，并成功开发从模型到应用的全流程可视化建模。公司建立“端云协同”产品矩阵，例如，在努比亚手机产品内部深度定制 AI 大模型，在弱网络环境下仍可实现秒级响应，提供高效智能化服务。公司自主研发工业 AR（增强现实）眼镜集成的远程专家指导系统，在矿山相关领域实现效率的大幅提升。技术民主化创新在 300 余个场景实现智慧化升级，为制造、能源、医疗等 12 个重点领域实现 AI 技术赋能。

（3）全球化协同布局构建数字生态共同体。

中兴通讯在国际市场采取“本土化创新”路线。在东南亚，3 万基站部署了时延低至 8 毫秒的全球最大的 5G 独立组网项目，为印度尼西亚 Telkomsel 提供了支持 2000 万用户高清视频项目的 5G 网络部署；在拉美市场，首次部署墨西哥蒙特雷智能工厂，实现了 85% 的生产流水线自动化，被誉为工业界的“灯塔工厂”，产能提升至 50 万台 / 年；在泰国，公司和 AIS 电信共同打造 AI 联合实验室，推出的智慧港口调度系统极大地提高了曼谷港集装箱调度效率，节约了 35% 的时间。在生态建设上，公司推出训推一体机“星云 +”，该机一台柜体可实现最多 2000 张 GPU 互联，成为全球范围内第一个通过 MLPerf 认证的 AI 基础设施。采用“技术共享 + 本地赋能”方案，中兴通讯在共建“一带一路”国家的销售收入占比上升到 34%。

4. 发展总结

“技术报国”是中兴通讯创业初心之一，从打破通信设备“七国八制”垄断，到主导世界 5G 标准的制定，随着 AI 技术、6G 技术的发展，公司坚持“连接 + 算力”的双轮驱动战略，成功实现政企业务销售收入占总营收比例超过 50%，并运用 Co-Sight 赋能千行百业的智能化转型，携手全球伙伴构建绿色数字生态。

第一节 战略定位：方寸有度

一、价值链战略：激发共创能力

创业企业在编制数智商业计划书时，需要在市场战略定位中呈现企业的市场定位、核心竞争优势以及企业未来的发展战略，向投资者展现企业的增长潜能和未来发展趋势，这有助于吸引投资，提高企业的市场地位。由于企业的资源是有限的，所以创业企业必须深刻认识到战略的重要性，要深入思考如何应对竞争对手，以保证创业项目的成功，同时全面规划如何具体执行一系列的战略行动，从而在激烈的市场竞争中抢占先机、站稳脚跟。

1. 价值链战略的本质

价值链战略是指对企业内部创造产品或者服务过程中开展的各类活动进行优化，从根源上确保企业创造出的产品或者服务能够满足消费者需求，又能够高于产品或者服务成本的价值创造，是一种战略性的思维转变。对初创企业而言，由于资源有限，因此在市场定位明确的情况下，需要确定自身在价值链中的位置，并与其他的创业企业合作，共同创造更大的价值。另外，创业企业还应持续探索以科技创新引领新质生产力发展，对企业价值链的某些环节进行改进和优化，以此提升产品附加值以及市场占有率。

2. 价值链战略的重要性

当前，价值链战略更多的是强调合作而并非竞争，所以，创业企业与业内成熟企业达成合作具有重要的意义。与成熟企业合作的好处在于能够明确区分上游和下游工作的具体内容，使创业企业专注于自身的核心能力，即上游创新。由于合作伙伴通常拥有丰富的下游资源，如优秀的制造能力、广泛的销售渠道以及强大的市场推广能力，因此，通过建立价值链合作关系，创业企业可以与合作伙伴实现双赢。

不过，价值链战略合作并非总能完美达成。有些创业企业可能与潜在合作方之间存在一系列不确定性，包括交易成本等因素。合作意味着要明确责任和范围，当宏观环境不佳时，上述的不确定性就会被不同的合约所规范，包括现金流和控制权分配，从而导致交易成本的增加。此外，合作过程中还可能存在信念分歧，比如对一项创新的重要性意见不一，或者其中的一方对开展合作没有兴趣。这种认知差异导致创业企业的价值主张不能完全得到验证，从而瓦解合作关系。而且，从创业企业角度来看，信息披露也是一个挑战。当与任何传统的商业伙伴进行任何交易都要面对信息披露要求时，可能会影响到创业企业本身的价值。

3. 价值链战略的构建

构建清晰的创业价值链战略需要遵循以下三个基本步骤，如图 2–1 所示。

图 2–1　价值链战略的构建步骤

二、蓝海战略：开拓数字市场

1. 企业的策略抉择

现有的市场竞争模式追求的是市场占有率，但是，在同质化问题的不断冲击下，创业企业更是面临行业“天花板”：低水平产品竞争下往往容易出现市场价格大战，从而使企业陷入“提升自身产品性能—竞争对手模仿—自身获得盈利减少”的困境。同时，在传统产业红海市场环境中，高新技术升级和客户注重价格的问题可能会使创业企业面临更大的价格危机。当蓝海理论出现后，创业企业开始尝试以数字化为突破口实现企业转型升级——数字化的本质就是价值链的重构，企业在智能技术的帮助下，实现对消费者需求的深入挖掘和精准满足，进而为企业构筑一个自身不可复制的优势地位。从某种程度上来说，企业一方面消除了无效竞争，另一方面增加了有效需求，从而有效地开辟了增量市场空间。

2. 蓝海战略的内涵

蓝海是指未开拓、未知的市场领域。蓝海战略的核心是摆脱市场激烈的竞争，转而开辟全新的未知市场，其理论的精髓是价值创新。对于创业企业来说，价值创新是指构建一种独特的商业模式，通过提供未曾出现过的价值实现利润增长，进而重新定义市场边界。消费者得到更高价值的方式主要依赖于产品差异化，也就是说，创业企业价值创新的目的是实现产品差异化和低成本。

3. 蓝海战略的实施

（1）重建市场边界。

创业企业要想在“强敌”环伺中实现突围，需要采取价值曲线异化战略——通过价值要素拆分，实现现有价值的重新组合，在非竞争维度创建新的边界。创业企业的价值曲线突破，其设计的过程具有一个创造性地增加、减少、更改（对隐性用户需求的满足、删除行业标配中不必要的功能）的过程，构建难以复制的模式，虽有实施难度但具备重建市场边界的潜力。

（2）明确探索方向。

创业的蓝海战略就是要致力于将影响顾客付诸行动的障碍寻找出来并逐一排除。这些障碍的存在会限制消费者对产品或服务的使用，并将其推向其他行业。

（3）提炼新价值。

要在创业蓝海中挖掘新的商业价值，需要清晰界定两项关键的行动方针，以实现价值创新、差异化和成本节约。

第一，可以通过“剔除”和“减少”精简成本。很多时候，创业企业习惯于保留一些被认为重要的元素，但用户可能觉得这些并非必要。因此，可以有针对性地删除或减少不必要的元素，从而大幅度地节约成本。

第二，可以通过“提升”和“创造”实现差异化。结合数字化转型趋势，提升消费者需求元素的标准水平，或者重新创造这些元素，以消除消费者的顾虑。通过开拓数字市场，力求在市场中脱颖而出。

创业企业可以根据自身情况灵活运用以上策略，并将其作为整体战略的一部分。拓展思维，突破传统观念的束缚，有助于创业企业发现新的商机，挑战行业现有格局，摆脱行业惯性逻辑，通过关注非消费者因素，实现差异化和成本节约的战略目标。

创业定位专栏 2-1

中芯国际：半导体国产化战略领军者

1. 企业介绍

中芯国际集成电路制造有限公司（以下简称中芯国际）成立于2000年，是我国技术处于最前列和规模最大的晶圆代工公司，致力于半导体芯片的生产和技术创新。公司同时打造成熟类和先进类两条产品线，产品主要涉及消费电子、通信设备、人工智能等多个领域，为全球客户提供芯片代工服务。2024年，中芯国际全年营收超过80亿美元，稳居全球晶圆代工行业的前列。

2. 晶圆制造领域的硬实力

在我国半导体产业面临全球技术高壁垒以及半导体供应链大重构的关键时期，中芯国际在技术创新和战略自信的基础上，建立起从技术研发到产能提升，再到生态合作的综合能力，将技术突破和产线爬坡作为驱动未来发展的两大引擎，不断挑战更为先进的制程，提升国产产业链的稳定性，巩固其在世界晶圆代工行业中的差异化优势。

（1）先进制程技术突破。

中芯国际在先进制程上自研 14nm 芯片技术达到业界量产先进水平，7nm 芯片研发获得国家重大专项支持。在 EUV 光刻机短缺困局下，公司采用独创技术替代减少代差并于 2024 年具备量产应用于 AI 训练芯片的 N+1 制程的能力。而公司自主研发的第二代晶体管技术，在功耗降低的同时显著提升性能，并成功获得华为昇腾系列芯片订单。

（2）产能布局与效率提升。

在地缘政治博弈下的产能本地化趋势中，中芯国际“南北并举、三地联动”，在北京大兴 12 寸晶圆厂重点发展 28～14nm 成熟制程，月产能提升到 15 万片规模，在上海临港重点发展 40～90nm 特色制程，在汽车电子和工业控制领域提供服务，深圳中芯京城项目以月产 7 万片 28nm 以上制程的产能规模，构建大湾区 IC（集成电路）制造中心。2024 年，公司将 3.3 亿美元资本开支的 65% 用于提高设备自动化水平，运用人工智能驱动的芯片缺陷检测系统（ADC），可以提升 40% 的晶圆检测效率，制造执行系统和物联网将整个工厂设备连接成智能网，主要产线产能利用率高达 92.3%，每片晶圆能耗降低了 18%。

（3）国产替代生态构建。

中芯国际通过整合国产产业链，牵头建立“国产设备验证联合体”，以支持其量产线与中微 5nm 刻蚀机、北方华创 28nmPVD、上海微电子 28nm 光刻机等核心设备生产线适配。公司 2024 年 28nm 制造线设备国产化率达到 75%，有效地拉动了产业链上众多中国半导体设备商营收的提升。此外，公司实施“芯火计划”，与高校合作成立 12 家联合实验室，截至目前共培养集成电路专业人才 3200 人，实现从研发、中试到量产的完整创新闭环。此外，公司在国内获得海思、展锐等客户大力支持的同时，也接收到美国对中国加征关税所导致的美国厂商中国区订单转单回流，国产替代相关订单产值将大幅提升。

（4）全球化合作与市场拓展。

中芯国际在保持自身“国产化”道路的同时，强化了其“中立主义”的商业模式，携手意法半导体实现 40nmBCD 工艺落地，并获得博世汽车 MCU 芯片 5 年长期供应订单；为高通代工的 28nm 射频前端模组芯片进入三星 Galaxy 手机供应链。应欧洲的碳中和战略需求，55nm 高压工艺平台已经获得大陆集团以及英飞凌的车载电源管理芯片量产认可，2024 年汽车电子营收同比增长 81%。不仅如此，公司还参与 RISC-V 国际基金会的技术标准制定，协助开源架构的芯片生态技术体系构建，与谷歌合作开发基于 22nm 工艺的 IoT（物联网）边端计算芯片，实现从“代工”向“共研”的业务模式升级。

4. 发展总结

中芯国际在发展道路上秉承“技术自立 + 国产替代”的战略思想，在半导体代工行业中凸显出坚强的韧性与巨大的潜力，在不断加大研发投入的同时优化产能，做优生态圈。同时，在国内半导体制造领域为国内客户提供稳定的芯片供应，并在国际领域突出自身差异化发展策略。未来，随着 AI 终端普及和我国自主算力需求的爆发，中芯国际有望在先进制程制高点与成熟工艺量级规模化制高点两条主线下加强中国半导体产业基础，重塑全球产业链格局。

三、竞争战略：运用新质生产力

1. 竞争战略解析

与成熟企业不同，创业企业缺乏完善的商业结构及稳定的合作伙伴关系，需要从零开始构建自己的市场，在充满风险的环境中为产品和相关服务开拓市场空间。为了向市场提供具有价值和共同利益的创新产品 / 服务，创业企业需要构建有利于自身成功的商业生态系统，包括寻找志同道合的伙伴开展协作并开发解决方案，通过技术与市场营销的创新共同创造价值。

在分析传统供应链模式时，可以发现主导企业与其上下游企业在利益分配方面产生博弈是常见的问题。同时，在制造业、信息产业等行业也存在技术供给与应用方面的矛盾，这成为协同创新的阻碍之一。因此，剖析并重新调整这些行业的利益关系是商业模式创新的重要工作。需要指出的是，并非所有的创新都能够产生价值。协同创新是实现价值创新的有效手段之一，但是利益博弈的格局阻碍了协同创新，这就需要通过商业模式创新来解决。总体而言，创业企业如何扩大市场规模并进行合理的利益分配，是一个需要认真思考的问题。

2. 竞争战略原则

首先，创业企业要确立合理的发展目标。发展目标需要依照外部环境、企业内部条件以及企业外部的支持条件来合理设定，既要立足实际，又要具有一定的前瞻性。其次，在明确了战略目标的基础上，应该遵从以客户需求为导向的原则开拓市场，以核心技术提升产品和服务质量，以差异化打造竞争优势，以优质产品和服务树立良好的企业品牌形象并赢得客户信赖。

3. 竞争战略举措

创业企业的竞争战略应该围绕供应链协同创新展开，进而借助供应链协同创新重塑产业价值链。因此，需要建立一个由创新企业、创新技术公司以及创新战略投资者协同组成的创新供给主体，专门致力于供应链的全链路优化。在这些主体中，创新企业的任务就是针对商业模式进行创新，包括战略定位与流程优化、解决方案的整合以及通过数字化重构生产协作关系，以此搭建价值创造的未来空间。在这种商业模式的指引下，协同技术公司进行供应链共享网络平台开发，借助新质生产力为与供应链相关的创业主体提供一体化管理和技术服务支持，为企业建立品牌、拓展销路并实现深度的市场渗透。

第二节　团队定位：职责有界

一、创业团队的职责划分

1. 创业团队的特征

创业团队是指由具备互补技能、共同分担责任以及拥有相同创业目标的人员组成的队伍。在创业的征程中，几乎没有人能独自取得成功，创业者往往需要一个合适的团队来提供支持。拥有一支优秀的团队，意味着已经取得了一大半的成功。创业团队的基本特征主要包括以下几个方面。

第一，团队中的所有成员都应当怀揣相同的理想，共同追求一个统一的目标，并且愿意为此不懈努力。

第二，团队最好是由相互熟悉的朋友或者同事组成，这样能够建立起更为深厚的信任和合作基础。

第三，团队中的每个成员都应当有明确的分工，各自具备独特的优势，能够相互补充，形成高效的协作模式。

第四，团队中的每个成员都应当对自己有足够的认知和自信，并且愿意在未来的创业过程中积极地配合和合作。

2. 创业团队的职责

一个创业企业一般需要有两到三人的组合团队：CEO 主要负责企业发展、运营、人才招聘和融资等事务；CTO 主要负责企业的财务规划与风险控制工作；COO 负责处理与市场开拓、销售有关的问题。

当创业企业完成起步阶段，获得第一轮创业融资，表明自身的产品或服务能够较好地适应市场需求，并创造了实际收入时，就需要进入下一个扩大、增长的阶段。此时的创业企业不仅要对产品功能或用户群体进行更新迭代，还需要组建一个团队辅助创业企业快速成长。创始人领导搭建的队伍应该能够反映创业企业未来的发展趋势，并且需要明确三个方面的问题，即团队定位、团队职责、团队的未来趋势。这些关系全局性的问题，要在团队的每一个决策中有所体现，以保证团队发展与公司发展的愿景相一致。

创始人和创业团队的整体素质如何决定了一家企业能做出多大的成就，因此对绝大部分创业者来说，创建一支优秀的创业团队是创业成功的必要保证。

3. 创业团队的结构

创业团队可按照不同的属性划分为以下三种结构，如图 2–2 所示。

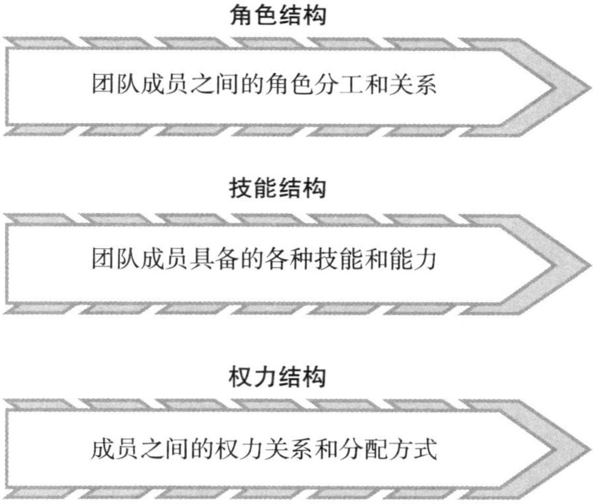

图 2–2 创业团队的三种结构

创业团队的角色结构、技能结构和权力结构是创业公司成功的重要保障。创业团队应该根据公司的发展需求和人员状况，构建合理的角色分工和协作体系，重视人才的引进和培养工作，建立适宜的权力分配机制，只有这样，才能保证团队的稳定性和公司的可持续发展。

二、创业团队的成长阶段

与美国心理学研究员布鲁斯·塔克曼的团队发展阶段模型不同，创业团队的成长并非仅仅依赖公司发展年限长短，而是受多种客观独立的因素制约，既存在在几个月时间内快速发展的情况，也有经历数年时间跨度缓慢成长的例子。结合创业团队的特点，可将其发展过程形象地描述为“植物生长周期”。

1. 种子期

种子期是创业团队的启动阶段，由于这一阶段的投资极具高风险性，所以资金主要来源于家庭成员、朋友、创始人自身及早期投资人。此时，产品的开发处于创意阶段，商业模式、最小化可营收的产品或者产品的原型都没有经过检验。因此，在这一阶段，需要具备创新的技能来争取投资人的投资。这一步中，充分的市场分析和研究必不可少，只有对市场给产品造成的影响、商业概念是否能提供合适的解决方案、对于什么样的分众市场进行产品开发都做到心中有数，才能有助于投资人决定对产品的投资。

2. 育苗期

在育苗期，主要由创业团队开展测试。创业团队需要深入实地对产品进行测试，更好地了解真实市场情况，根据真实市场数据进一步验证创业团队的商业模式与产品创意是否具备可行性。此外，创业团队可以采取试错的方式，寻求行业专家的业务指导，或两者相结合，强化产品基础，制定长期的发展规划。

3. 发芽期

在发芽期，创业团队完成了最小可测试产品的研发，并获取到测试用户的真实数据。在该阶段，每个创业团队都要寻求建立战略合作伙伴关系，巩固其业务伙伴关系以明确市场份额。团队会寻找潜在的增长机会，组建合适的队伍，集中精力运用战略营销技术，确保现金流为正，顺利推进至下一个阶段。

4. 开花期

开花期是创业团队积累了足够的经验，对目标市场的需求有了深入了解的阶段。此时，创业团队已经有了忠实的客户群，并且建立了盈利可观的商业模式，产品经过市场验证，处于快速增长阶段，现金流呈现正向增长态势，用户规模也较大。开花期对于创业企业至关重要，因为一些统计数据显示，创业团队大多是在此阶段遭遇失败，未能顺利跨入下个阶段。然而，具有成功潜力的企业往往更容易获得风险投资、私募股权等大额融资机会。

5. 成熟期

一旦创业团队的产品满足了细分市场的需求，创业团队便进入更为宏大的目标阶段，即成熟期。在该阶段，创业团队所做的各项工作并非单纯地扩大经营地域的范围，而是涉及如何维系公司在市场中的稳固地位。值得一提的是，尽管成熟期为创业团队提供了更广阔的发展空间，但此时的创业团队依然面临各种挑战和风险。扩张性决策会影响到企业未来的发展，经营不当会导致创业团队提前退出创业市场。因此，处于成熟期的创业团队需要认真考量自身的每一步决策，做好面对一切挑战的充分准备。

6. 枯萎期

在枯萎期，团队已经完成历练，可以通过出售结束其生命周期。但并非所有的创业团队都提前确定了这一目标，还有许多创业企业企图成为高价值公司和行业霸主。在该阶段，创业企业达成 IPO（首次公开募股）是退出方式之一。换言之，公司证券在证券交易所挂牌上市，创始人就可以出售他的股权给其他投资人，或者被其他公司收购。走到这一步的公司一般是有高增长潜力且能盈利的公司，并且具备良好的公司管理团队。

创业定位专栏 2-2

云天励飞：城市智能体生态先行者

1. 企业介绍

深圳云天励飞技术股份有限公司（以下简称云天励飞）成立于 2014 年，坚持以“让城市生活更美好”为愿景，主研视觉人工智能和城市级 AIoT（人工智能物联网）技术开发应用，是专注于计算机视觉、深度学习技术及物联网大数据领域的国家高科技企业。2024 年，云天励飞实现营业总收入 9.18 亿元，同比增长 81.42%。

2. 技术布局与核心优势

（1）技术基因与战略起点。

云天励飞成立于人工智能技术爆发初期。创始人陈宁博士曾任中兴通讯技术专家，他开拓“算法芯片化”的技术路径，并于当年成功量产了云天励飞自研AI 芯片 DeepEye1000，打破了传统算法需使用通用芯片的困局。在最初的团队中，集聚了从中国科学院、英特尔公司出来的人才，涵盖算法、芯片、行业应用等各个方面。到目前为止，其技术人员占比超过 60%，专利申请超过 800 个且超过 80% 为发明专利。公司自研第三代 AI 芯片 DeepEdge10 已经实现 22nm 工艺的量产，在运算能力上较第一代得以显著提高。此外，其自研动态人像的精准度在测试集 LFW 上达到 99.8%，技术实力不亚于互联网巨头。

（2）边缘智能战略落地。

云天励飞建立了面向应用、由边缘端到城市级的 AI 终端系统平台。针对智慧城市，推出“星云”平台，接入了 50 万余个 AI 智能终端，日均采集数据 10 亿条以上，支撑了深圳龙岗区城市大脑“一网统管”的典型实践案例。基于 AI 人流量计数系统，助力 SKP、万象城等商业头部企业实现客流量有效上涨。2022

年发布工业质检“天枢”系列解决方案，打破了工业相机技术的精度上限，3C制造环节缺陷检出率达到99.5%。2023年9月，公司发布与华为昇腾的联合解决方案，合作助力AI行业场景迅速成功落地。

3. 行业应用与生态突围

（1）城市治理的AI革新者。

云天励飞深度响应新基建政策，在全国30多个城市建设AI中枢，应用于公共安全、交通等场景。例如，在深圳，云天励飞建设的动态人像系统，助力公安机关破案率达40%；在青岛崂山区，部署AI事件分析，将城市管理事件从发现到处理缩短到5分钟，入围工业和信息化部“AI赋能中小企业典型案例”。

（2）车路云协同的破局实践。

为满足智能驾驶的海量需求，云天励飞深耕车联网“云－边－端”全栈技术，2023年与比亚迪合作，打造路侧感知技术，支持车路协同场景下的200毫秒级低延时决策，在成都天府国际生物城落地全国第一个“5G+AI”全域车路云一体化应用，支撑L3级自动驾驶试跑。在珠海横琴基地建设中，云天励飞持续夯实车载芯片研发实力，打造车规级芯片，预计将很快量产上市。

4. 发展总结

云天励飞落实“大模型＋边缘智能”战略，推出新一代AI芯片DeepEye2000，使推理能效提升3倍。未来，云天励飞将在“城市OS（操作系统）＋行业App”框架下，支持千万智能终端协同“超脑”，使城市管理逐步实现从数字化向智能化转变，建成持续发展进化、活力充沛的城市智能体生态圈。

三、创业团队的沟通机制

创业团队是由多名成员构成的，而成员往往分布在不同的专业、不同的部门，因此一个高效的沟通机制必不可少。创业企业应该将自己的沟通机制在数智商业计划书中加以体现，一套有序高效的沟通机制是保证团队高效运转的前提。

很多时候，创业者只看到问题而看不到问题产生的根源，其原因就在于创业团队缺少一个有效的沟通机制。

1. 创业团队的沟通问题

创业团队往往会面临以下五种沟通问题，如图 2–3 所示。

理解多样性

- 个体理解能力存在差异，面对相同的指令，理解也有差异

结构复杂性

- 业务执行受到管理结构和参与人员的影响，导致业务复杂度扩大，有时会远超预期

管理负担

- 中层管理人员需要准确理解领导层目标，及时传达给员工并督促其执行，过程中容易产生误差

沟通效率

- 沟通的关键在于效果和效率而非频率和速度

团队规模与默契程度

- 参与项目的人数、结构以及成员间的关系和默契度会极大地影响沟通效率

图 2–3　创业团队面临的五种沟通问题

2. 创业团队的沟通方法

（1）明确工作目标。

工作目标确认是工作沟通的重点。在创业企业中，成员存在不同的利益要求、知识结构、工作习惯和性格特点，个人关系相对独立，但企业的最终目的是将这些不同的群体集合起来共同完成任务目标。因此，目标沟通的关键在于让所有成员对工作的结果、共同利益形成一致的认知。

（2）选对态度、方法和工具。

第一，双方必须互相认可，缺乏互相认可的态度将使得任何沟通都难以取得成效。因此，良好的态度是沟通的前提条件。

第二，成功沟通的关键在于选择合适的方法。需要设身处地为对方考虑，使用对方易于理解的方式传递信息。

第三，掌握有效的管理工具。管理流程良好的创业企业通常会应用数字化沟通工具与平台，重视新质生产力的开发，规范沟通流程，从而将沟通行为抽象化、标准化。

（3）实现上下级沟通的最小化、可执行化。

上级向下级传达命令时需要掌握一定的技巧。向下传递指令有两个前提，一是上级对工作任务的分解能力，即要将任务分解至最小化，使对方力所能及为止，二是对下级的能力、背景有充分了解。

（4）平衡不同部门之间的利益。

身处不同的部门就会有不同的团队利益，成员往往容易关注自身的利益而忽视其他部门的感受，还会将彼此不配合的原因归结为对方个人的原因。所以，跨部门的沟通工作尤为必要，其核心是推动双方利益达至平衡。

四、创业团队的组建计划

组建创业团队是创业企业实现良好发展的基石。在选贤举能之前，需要在数智商业计划书中做出明确的组建计划，对组建计划的实施进行合理的分析与预估，阐述创业团队组建计划的原则，列举组建创业团队的必备要素，为实际的组建工作筑牢基础。

1. 创业团队组建的基本原则

创业团队组建的基本原则，如图 2–4 所示。

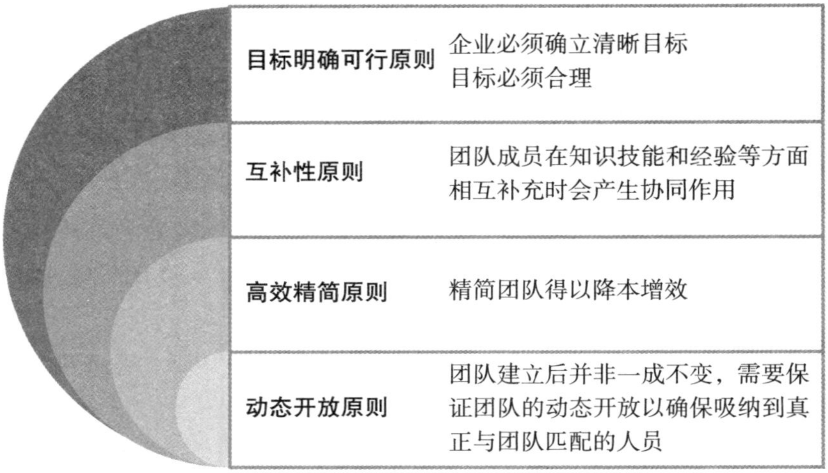

图 2-4　创业团队组建的基本原则

2. 创业团队组建的影响因素

创业团队的建立受多种因素的综合影响，这些因素相互作用，共同影响着团队的建立过程，进而对团队的运营效率产生深远影响。

（1）创业者的理念。

创业者自身的能力和理念对创业团队的组建至关重要，创业者只有意识到自身能力和创业目标之间的差距，才有可能组建团队，这种认知可以促使其在合适的时机招来合适的成员弥补短板，从而形成能力互补。

（2）商机。

创业机会的类型、创业机会之间的匹配度等因素决定着创业者是否创建团队、如何创建团队的决策过程，即创业者应该更加精准地判断与创业机会适配的资源能力和组合情况。

（3）团队目标与价值观。

只有创业团队的成员认可共同的目标，并且对相同的价值观持认可的态度，创业团队才能发挥最大的能效。价值观的不同会让创业团队分崩离析，弱化整体行动力和凝聚力，因此明确的目标和共有价值观是成功团队的必备条件。

（4）团队成员的互补能力和信任感。

创业团队的整体实力和团队成员的个人能力密不可分，团队成员不仅需要分工明确，还需要在能力上相互补充。同时，成员相互之间的信任感是团队合作的基础，缺乏信任会阻碍团队协作。

3. 创业团队组建的具体实施

（1）确立创业目标。

创业团队的核心工作在于完成各项创业中的任务，包括技术、市场、策划、管理等工作，推动创业企业实现从无到有，再到逐渐成熟。当制定总目标后，为了促使整个团队朝着创业目标方向发展，应将总目标分解为可实现的阶段性子目标。

（2）规划创业策略。

从创业目标细分出各个阶段的子目标后，创业团队需要针对各个阶段制定商业计划，即对具体的创业目标进行筛选和细化，明确各个阶段的工作任务，从而达成各个阶段的子目标，最终实现整体的创业目标。

（3）招募合适的团队成员。

招募团队成员需要考虑两个关键的方面：第一，实现成员间能力优势互补。团队成员的能力或特长都应当与团队其他人员实现互补，并依托互联网工具和技术手段在团队中实现协作，促进组织效益最大化。成员之间的交流沟通和共同协作是团队高效运作的前提。第二，控制团队人数规模。创业团队成员最好控制在 2 ~ 12 人，在此规模范围内的团队具有灵活性、速度高等特点，并能保证成员间沟通及时、协作密切。

（4）权责划分。

为了保证团队高效地推进工作、顺利开展各种活动，必须合理划分团队职能，将相应的权责分配至团队成员的个体中。鉴于创业环境的不断变化与复杂性，团队的权责分配也应该是灵活多变的，应根据团队成员的增减、具体情况的变动持续优化权责结构的配置。

（5）建立创业团队制度体系。

规章制度和激励机制是创业团队运行的基本蓝图，规章制度保障组织秩序，激励机制则通过股权等利益联结，将个体利益与团队利益深度绑定。同时，要以文字形式将其固化下来，以保障规则透明和执行有效。

（6）团队的调整与融合。

初始阶段的创业团队需要进行组织配置优化。在此阶段，创业企业往往会出现人员不匹配、职责不明、管理制度缺失等问题，因此需要及时调整团队成员。在成长阶段，需要以问题为导向，及时调整、优化组织机构及协同机制。团队在运营过程中要尽量保证高效率、高频次的多角色协同交流，通过持续磨合提升业务的协同性，强化团队凝聚力。

第三节 目标定位：发力有靶

一、明确创业动机

1. 创业动机的含义

创业动机指促使创业者勇于承担各类风险而创建企业的各种原因。创业动机除了与创业者个人的职业态度和家庭背景有关外，还与社会角色榜样有一定的联系。创业动机是内在的动力，促使创业者产生并采取一定的方式实现创业的目标。教育水平的高低是影响创业动机的重要因素，受过高等教育的创业者更多的是出于机会型的创业动机，他们觉得创业是一件有风险的事业，并且希望在事业上能够不断发展和创新。教育程度低的创业者则多是出于生存型的创业动机，创业主要是为了获取经济利益以提高自己的生活水平或满足自身的生存需求。

2. 创业动机的类型

创业者的创业动机各有不同，但大体可归纳为以下几类，如图 2–5 所示。

改善生活条件

· 该类人群希望通过创业实现经济独立，改善生活现状满足生存需求

追求权力与控制

· 该类人群比较享受权利带来的满足感，将创业视为展现自我身份和地位的途径

追求独立自主

· 该类人群乐于承担风险且独立，相信创业是实现个人价值的重要途径

追求成就和成功

· 该类人群将创业视为经济独立的手段和个人价值与成就实现的载体

追求实现社会价值

· 该类人群重点关注社会热点议题，想通过创业推动行业或社会进步

图 2-5　创业动机的五种类型

3. 创业动机的产生

创业活动的核心主体是创业者，而是否从事创业首先取决于个人的决定。当然，并非所有人都是出于内在的创业冲动，许多人也会受到创业机会的吸引，从而激发其成为创业者的愿望。创业实质上是创业者的精神与机遇的完美结合，两者之间存在复杂的互动关系。创业动机的产生通常有以下三个途径。

第一，创业环境。有创业想法的人会主动寻找机会，选择留在公司发展或自主创业。比如，在公司上班的人若有新点子，可能面临是否独立创业的抉择。此外，创业热情因人而异，主要受到性格和环境影响。

第二，创业机会。社会变化和技术进步会带来更多的创业机会，如电商、短视频等领域不断革新，涌现更多的机会，进而推动更多的人踏入创业征程。同时，创业的门槛也在降低，从而促进形成一股更为汹涌的创业浪潮。

第三，创业机会成本。对创业者来说，创业的机会成本要普遍低于常规职业路径，其转换赛道的潜在损失较小。这意味着，选择创业而不是从事其他工作时，创业者可能会放弃较少的潜在收入和个人满足感，如科学家群体因高薪职位

稳定而鲜少创业。创业成本主要体现为时间精力的大规模投入及收入波动风险。当前，随着社会保障体系的完善与产权制度的优化，体制性创业壁垒正持续消除，制度成本进一步降低，大大地激发了大众创业活力。

二、设定创业目标

创业企业需要在数智商业计划书中设定明确的创业目标，对未来的创业方向做出合理的规划，对设立创业目标的原则与关键性进行清晰列示。

1. 设定创业目标的原则

传统的创业理念往往遵循这样的思维逻辑：发现用户痛点—找到市场机会—设计解决方案—解决用户痛点。该理念认为，商业模式不变，各个变量均可预测且解决方案具有确定性。精益创业理念则认为，用户的需求往往是模糊的，各个变量存在不确定因素，有效的解决方案并非一成不变。所以，精益创业需要不断地通过实验、迭代、验证，持续精准把握用户需求，逐步摸索可行的办法。同时，在此过程中需要创业者在实践中不断学习和调整，努力实现与用户需求的最佳匹配。因此，设定创业目标时需要遵循以下五项基本原则。

第一，用户导向原则。在创业过程中，最核心的理念就是以用户为中心。所有的认知和每一次迭代都应该紧密围绕用户展开。

第二，行动原则。在创业中，行动应该先于知识，而不是被知识所束缚。要从以计划为导向转变为以行动为导向，通过实践获取有效反馈，并根据反馈不断调整行动方针。

第三，试错原则。从完美预测转向科学试错，创业过程中的试错不能盲目，需要运用科学的试错方法。

第四，聚焦原则。聚焦原则意味着从系统性思维转变为寻找关键的突破点，主动筛选市场中的“噪声用户”，将精力集中在最重要的核心用户上。

第五，迭代原则。不再追求创业中的完美计划和执行，而是重点关注与新质生产力的结合，通过对计划与技术的考量，追求成功创业过程中的快速迭代。

2. 设定创业目标的关键

在创业早期阶段，创业团队失败的原因可能更多地与高级管理问题有关，这也意味着在设定创业目标时需要考虑一些关键问题。

（1）创业形式。

首要问题是，创业者是应该独自创业，还是与团队成员共同创业？答案是与团队成员一起创业。事实上，有数据显示，拥有良好的团队互动性的共同创始人更容易成功。研究发现，由三个创始人组成的团队，其共同创建的公司在寻求风险投资或者天使投资的时候估值最高。三人团队结构便于团队做出决定，比如投票时 2：1 的结果。从团队结构监督的角度来看，也可明晰划分角色，如技术、运作和销售等不同的分工。因此，与团队成员共同创业是较为合适的选择，团队多样性及互补性对创业企业的成长而言将是一个坚实的基础。

（2）创业伙伴。

第二个关键问题是，如何选择适配的创业伙伴？这一选择不仅涉及是否与朋友和家人合作创业，还包括与其他创始团队成员的匹配度。在创业伙伴方面，多样性体现为性别多样、背景多样；在同质性方面，体现为学历同质、职业同质等。对多样性和同质性的选择取决于创业者的战略选择。

同质性团队的优势在于团队成员的语言、文化、处理问题方法都相似，但缺陷是创新能力不足。相较之下，多样性团队解决问题的方式、方法更加多样，当不同背景与经验的成员组成团队时，能更加多元、融合，带来更多的创新。

（3）价值观。

在实际的商业环境中，价值观是不可忽视的。创立公司时一般有两种不同的目标导向，即控制型和财富型，前者追求掌控权，后者追求收益。价值观不同的创业个体之间必然会存在一定的冲突。

一方面，创业初期对控制权的追求，使得创业者必须采取一系列行动来最大限度地发挥控制权，这样必然会加大创业企业的融资难度。另一方面，追求财富的创业者为了实现收益最大化，往往会引入风险投资人或利用其他方式进行权益融资，这样往往导致自身控制权有所下降。在这种情况下，创业企业对价值观的匹配就显得尤为重要，同时创业者需要权衡选择最大的控制权还是选择最大的收益权。

三、规划创业路径

为了保障创业企业持续、健康地发展，做好前期的规划至关重要。在创建初期需要明晰当下的重点，并明确企业的创业方向，涵盖产品或者服务、所服务的目标群体及人群定位。

1. 创业路径规划的内涵

创业路径规划的关键在于保持公司发展的连续性，从而提升公司的价值。有效的创业路径规划需要科学、理性及合理，需根据公司自身的条件及行业的发展趋势，通过分析数据与资源整合的能力进行预判及规划。这一规划主要包含战略方向的选择和资源分配策略两个方面，以帮助公司明确发展目标、重点发展领域以及发展所需的能力，协助创业企业解决发展难题，推动公司快速、稳定、持续地发展。

2. 规划创业路径的重要性

科学、合理的创业路径规划是创业企业成功的关键之一。创业路径规划是创业企业的方向性、决定性工作，可以将发展过程中的各项阶段性指引建立起来，从而构建科学的决策系统。在创业企业运营过程中，目标与战略相互联系、相互依存，这一逻辑在创业企业的各项运作过程中都会产生作用。因此，对于创业企业来说，正确的创业路径规划是实现目标结果的保证。

3. 规划创业路径的战略

创业路径规划是初创企业前期非常重要的一项工作，需要分析各种因素与可能的变动。确定长期目标后，必须制定清晰的阶段性计划，明确不同阶段拟采取的对策和措施。创业路径规划通常涉及三个层面的战略：公司战略、业务战略与职能战略。

（1）公司战略层面。

公司战略是创业企业最高层次的战略，需要根据公司的目标选择经营领域，并合理配置所需资源，充分运用新质生产力，使各项业务相互支持、相互协调。

（2）业务战略层面。

业务战略涉及各个业务部门的主管和团队成员，其主要任务是将公司战略具体化，明确发展目标、方向和措施，形成部门业务的具体竞争与经营战略。

（3）职能战略层面。

职能战略主要涉及创业企业内部的各职能部门，如人力资源、财务和生产等，目标是为各级战略实施提供更好的服务，提高创业企业的效率。

4. 规划创业路径的步骤

科学创业的时代已然到来，创业者必须与时俱进，规划精确且合理的创业路径。创业路径规划需要清晰回答三个核心问题：第一，创业动机和目标是什么；第二，将采取何种创业路径，以及如何在这一路径上创造价值；第三，贯彻这一创业路径需要哪些资源和能力赋能，如大数据、创新思维等。

但是，明确问题并不意味着成功创业的道路就清晰无误。为了确保成功，在规划创业路径时，创业者还需要认识和把握五个关键维度，如图 2–6 所示。

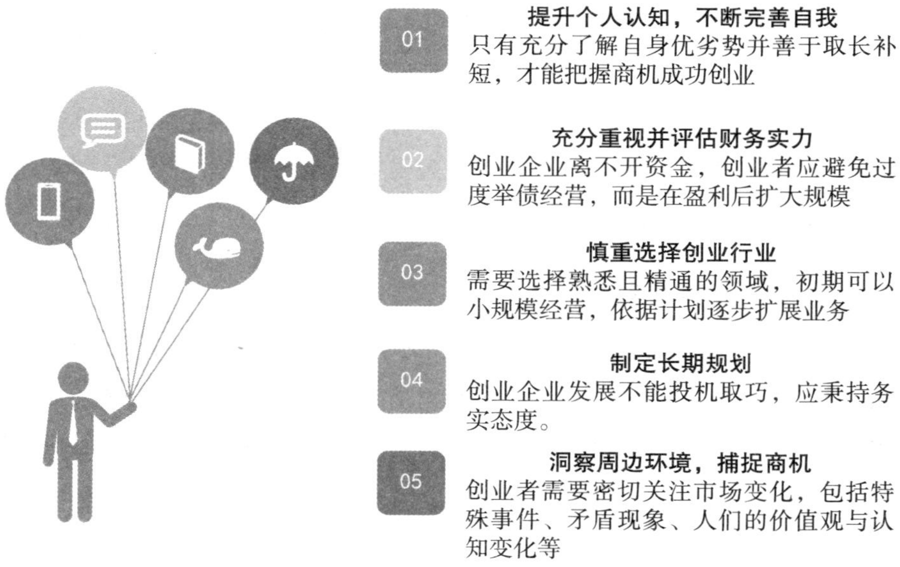

图 2–6　规划创业路径的五个关键维度

创业定位专栏 2-3

朗特智能：极力拓展智能发展路径

1. 企业介绍

深圳朗特智能控制股份有限公司（以下简称朗特智能）自成立以来，始终致力于成为智能控制行业的领军企业。公司专注于智能控制器及相关产品的研发、设计、制造和销售，其业务范围包括智能家居、家电、储能以及新型消费电子等多个领域。凭借先进的智能控制技术和丰富的技术积累，公司的研发团队成功开发了多款市场领先的产品，为用户提供了高效可靠的智能化解决方案。

2. 塑造未来：智能发展驱动增长

（1）以创新设计打造智能产品。

朗特智能打造的智能控制器及相关产品集成了多项高科技，包括自动控制、传感、通信、电力电子等，为终端产品提供智能化解决方案，形成独特的新品智能发展路径。

第一，新产品研发设计。朗特智能组建了"以用户为导向"的项目小组。根据市场需求，综合考虑技术、品质、性能等因素，充分利用技术研发平台、PCB（印刷电路板）设计技术，同时协调各部门对新产品进行综合评审，及时发现并改进设计中的缺陷。同时，统筹项目实施中的人员协调，引进联合管理开发系统，各环节遵循 APQP（产品质量先期策划）流程进行项目管控，确保项目顺利实施。

第二，前瞻性的技术探研。朗特智能密切关注市场动态，研究下游产品功能进化需求、市场需求变化等情况。公司核心技术团队负责重大技术攻关、关键产品开发，推动公司在行业内实现技术应用的突破，同时对基础软件、硬件、工艺、制造设备等方面持续完善及升级，助力公司在前沿开发技术领域保持领先，满足不断变化的市场需求。

第三，技术平台模块化设计。朗特智能基于技术平台的模块设计，可以将不同种类的智能控制器快速整合为相应的技术模块，加快产品的研发速度，提升设计效率，并且将研发成本降至最低。朗特智能采取“持续开发＋反复改进”的方案，积累新产品设计、研发经验，持续完善产品的基本模块开发平台，为未来获取更大的市场份额打好基础。此外，公司通过持续改进和发展智能方式，进一步推动智能控制器的创新发展，实现产品迭代升级，充分满足市场需求，达成智能发展的战略目标。

（2）智能发展路径的竞争优势。

朗特智能在智能发展路径上有以下竞争优势。

第一，研发设计优势。朗特智能自主研发的多项核心技术，推动其在智能发展道路上领先前行。特别是在清洁机器人控制技术方面，为扩大清扫面积，公司创新性地采用渐开线结合回扫的方式，通过优化算法实现成本控制，是一项兼顾实用和成本的开发成果。

第二，产品质量优势。朗特智能注重产品质量，设立了PCBA（印刷电路板组装）、EMI（电磁干扰）、EMS（电磁敏感性）、环境、性能和安规测试等多个研究实验室，并且获得质量体系、环境体系、汽车行业体系、医疗器械体系等多项相关标准的认证。在生产过程中，产品品质保持良好，制程不良率保持在合格范围内，用户退换货率较低，尤其是汽车电子产品质量接近“零缺陷”水平。

第三，多样化生产模式。朗特智能采用灵活多样的细胞单元生产模式，使用自动化设备及科学排产技术，满足各种设计方案和工艺要求，具备多品种批量化生产能力。该生产模式附带相应服务支持，可助力公司挖掘各类领域的客户需求，适配市场的灵活化要求，强化公司的竞争力，持续拓宽智能发展途径。

3. 发展总结

朗特智能的智能发展模式效果显著，以消费者为中心的设计战略、超前的技术研发以及个性模块化的设计战略等，助力公司在智能产品方面建立了竞争优势，后续公司将继续加大技术研发能力和生产制造运营能力来迎合市场需求，加强和巩固企业的创新能力与行业领先地位。

四、实现创业目标

众多创业者在创业初期都会乐观地描绘宏伟的蓝图和构想，但付诸行动的寥寥无几。如果创业者对创业的最终目标缺乏清晰的实现路径规划，那么其成功概率极低。需要注意，创业者个人的主观想法不能算作目标，因为目标需要有具体的计划、分解、实施与总结过程。实现创业目标的关键步骤，如图 2–7 所示。

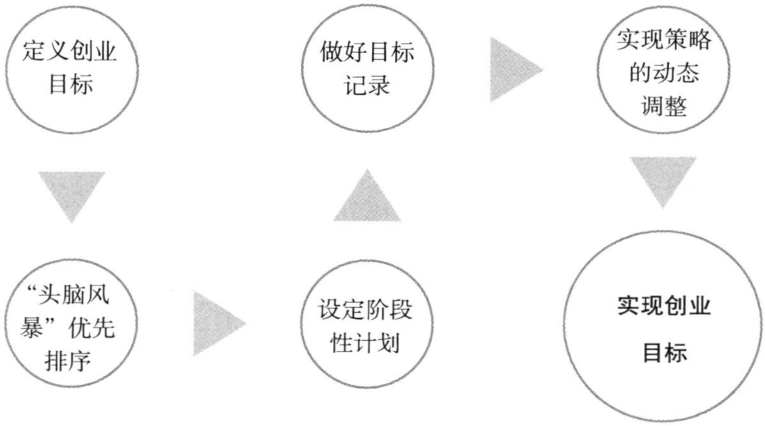

图 2–7 实现创业目标的五个关键步骤

第四节 价值定位：取舍有道

一、如何理解创业价值

1. 创业价值的含义

创业价值是指创业者在企业创建过程中所实现的经济、社会和个人价值。其并非仅体现在利润的增长上，还包括对社会的贡献及个人的成长。创业实际上是一种社会行为，是个人自我价值的实现过程，随着创业过程的推进，创业者也在不断地提升和完善自身的思维、认知和管理、行动等能力。创业意味着要有独特的眼光、创新的思维，具有独立的人格。创业不是一份简单的工作，而是一种生活方式，承载着对个人价值以及生活方式的追求。

2. 创业价值的体现

创业价值缺乏统一规范的衡量标准，因此在数智商业计划书中，需要依托相关要素的状态对其进行衡量，主要包括以下五个方面。

（1）需求。

创业的核心在于识别用户需求。客户的需求分为显性需求和隐性需求，显性需求能够通过市场竞争直接呈现，隐性需求则潜藏于技术、社会等层面的背后。成功的创业者需要辨识客户的显性需求，同时从技术、社会等方面发掘隐性需求并推动其实现，还要对客户需求进行更深层次的加工和提升，挖掘隐性需求的价值空间，这就要求创业者脱离传统的复制思维，构建独特的价值创造逻辑。

（2）效率。

在传统商业环境中存在资源缺乏、信息不对称等问题，导致需求方获取优质商品和服务比较困难。要实现效益最大化，就要借助互联网来解决效率难题。互联网时代赋予信息自由传递的特征，使得资源被更加自由地匹配、需求被更加自由地满足。借助新质生产力可实现更高效率的供需匹配，充分发挥资源价值。为了提高效率，需要持续在人力、资金、物资、技术、管理等方面优化升级，去除或简化不必要的因素。

（3）产品。

创业成功不是靠运气，而是靠产品、服务、市场的有机整合。其中，产品是本源，只要拥有好产品就可以满足用户的需求；服务是灵魂，唯有满足了用户的需求，才能让用户满意；市场是前进的方向，只有满足市场的需求，创业企业才能健康发展。这三个要素缺一不可。创业者只有做好这三个方面，才能获得用户的认可，在市场中占据有利地位，走向成功。

（4）价值观。

创业者需要同时具备洞察用户真实需求与把握市场变化趋势的思维能力，且在洞察趋势的基础上，要思考如何创新创造创业价值。同时，应具备独特的视角、思维方式、方法论以及价值观念。只有拥有上述能力，才能持续自我更新，进而创造价值。

（5）团队。

创业团队是企业创新的主导力量。作为创业者，首先要整合相关技术和人才，明确员工在团队中的责任和权利，构建更加紧密的工作关系。关键管理要素包括：给员工提供职位晋升和薪资增长机制作为推动力，调动员工的积极性；给予团队成员充足的资源和提供成长发展的机会，发挥员工的最大潜力；通过团队建设塑造文化，鼓励团队之间更好地合作。

二、如何发掘创业价值

1. 如何判断创业价值

（1）能否解决实际问题。

创业方案的有效性体现为其能否满足用户的需求，以及这些需求的普遍性和频率。解决的问题越迫切、越普遍，创业的潜在价值就越大。

（2）能否吸引、积累用户。

创业者需要提供解决方案，为用户带来积极的价值体验。用户若能够接受目前解决方案的不完美之处，开始使用并且愿意反馈意见，就从另一方面体现了创业价值。

（3）是否有可持续的商业模式。

创业者的创业项目必须具备特色的商业模式，且该商业模式可以持续地运转，反映清晰的市场定位，打造完备的经营系统，从而创造与传递创业价值，达到持续盈利的目的。

2. 创业价值的潜在性

（1）市场需求。

潜在创业价值的发挥是以市场需求的量级和增速为前提的。通过调研市场了解需求现状，最理想的情形是市场需求呈现增速快的态势，同时供给方无法匹配市场的增长。如果市场需求增速和增长处于静止状态，则表明创业成功存在挑战性。

（2）竞争环境。

了解竞争者的情况是最重要的，尤其是在那些已经存在大型竞争对手的竞争市场中。了解竞争者有助于创业者识别和把握创业市场。如果没有竞争市场，或者现有竞争者没有真正地抓住市场机会，那么创业机会会更加突出。相反，在竞争性市场中，可能会面临更大的创业风险或需要更多的资金应对竞争。

（3）产品或服务的独特性。

当创业项目提供独特的产品或者服务时更容易吸引客户。所谓独特，是指产品的差异化优势、服务的独特性优势，甚至是市场上最佳的解决方案，进而被市场大众接受和喜爱。因此，产品和服务的独特性通常被视为衡量创业项目潜在价值的标准。

3. 发掘创业价值的方法

（1）提升创新能力。

创新能够激活创业潜力。创业者要紧跟新质生产力的发展步伐，与时俱进，满足市场需求的变化，通过技术创新、生产流程技术改进、新商业模式的创新等，积极进行产品或者服务的创新。此外，还要倡导团队成员贡献智慧，促进创业能力的创新。

（2）塑造良好品牌形象。

品牌口碑体现了消费者对产品或者服务的熟悉和信赖程度。创业者要通过树立品牌口碑，提升创业项目的附加值，包括设计独特性标志、精美包装，提供优质的服务，借助社会化媒体渠道宣传和推广品牌等。

（3）优化商业模式。

商业模式是创业价值的核心要素。创业者需要持续更新商业模式，以此提升创业项目盈利能力和未来发展潜在价值。创业者可通过洞察创业需求、分析市场环境，进一步分析成本结构和项目盈利模式，以此制定适配的营销策略。此外，还需关注商业模式的持续性和延伸性，为未来发展奠定可靠的基础。

创业定位专栏 2-4

捷邦科技：创造大数据独特价值

1. 企业介绍

捷邦精密科技股份有限公司（以下简称捷邦科技）是一家从事消费电子产品精密功能组件和结构组件生产的国家高新技术企业。捷邦科技运用大数据分析进行产品设计创新和生产流程改进，大幅提高企业生产效率。捷邦科技作为精密功能件领跑者，成为苹果、谷歌等世界一线品牌的核心供应商，依托大数据强化了供应链管理和产品竞争力，充分发挥了大数据的价值创造功能。

2. 创业价值和市场策略

作为一家专注于精密功能件和结构件的制造商，捷邦科技对创业价值和大数据的应用做了深度探索。

（1）深入研究技术创新。

公司早期生产以单一的简单防护类件为主，后期增加了热管理、缓冲及屏蔽类产品，同时技术水平也逐年提升。捷邦科技不仅巩固在传统精密功能件方面的优势，还自主开发并使用碳纳米管等新材料，该材料在力学与导电性上表现优异，助力捷邦科技打开锂离子电池材料市场。持续增加的研发投入，彰显了公司提升技术实力的决心。捷邦科技自主研发相关核心技术，包括柔性立体镂空结构电磁屏蔽件自动成型及截断技术等，并以此实现多种先进生产设备的自主开发，增强了公司的竞争优势。

（2）把握消费电子发展趋势。

捷邦科技凭借大量生产精密功能件、结构件所积累的材料应用经验及材料数据库，建立了一整套成熟的材料应用知识体系。伴随着电子消费品需求的增长，带动了公司对石墨烯、碳纳米管等新材料的开发和应用，且凭借其优异的导热性能和导电性能，推出了电子产品散热和能量存储的有效解决方案。为更好地了解消费电子领域和高技术领域相关行业的发展情况，捷邦科技利用大数据手段革新研发、生产模式。借助大数据手段，捷邦科技可以精准预判市场的需求，重构供应链，提高生产效率、降低生产成本，进而提升市场响应效率，增加产品创新性，巩固技术领先优势。

（3）紧密结合下游领先企业。

捷邦科技基于精密功能件及结构件的技术积累，结合大数据分析开展市场趋势、市场消费习惯和技术动态监测，确保产品设计、生产进程始终与下游先进客户保持同步，有效契合了消费电子行业的客户趋势发展。在电脑及平板电脑领域，已经形成了垄断型的市场格局，公司通过与苹果、谷歌、亚马逊等头部企业的紧密合作，维持其在供应链中的核心地位。捷邦科技在海外拥有大型制造工厂，更能接近并稳定地服务下游客户，降低物流成本，快速响应市场变化。捷邦科技凭借自身的质量管控与各类体系认证，确保产品品质符合国际标准，国际市场竞争力与品牌影响力大幅度增强。

3. 发展总结

捷邦科技作为国际大客户的一级供应商，凭借大数据提升了自身的供应链管理能力以及市场竞争力，以技术为核心结合市场，扩大新材料的应用范围，通过与行业龙头合作，保证产品设计贴合市场需求。未来，捷邦科技将深度融入上下游产业链，引进各供应链行业中具有先进性的供应链系统，开辟全新的市场及客户群体。

三、如何保障创业价值

1. 创业价值自检原则

（1）竞争壁垒。

竞争壁垒并不是永远存在的，特别是在新质生产力时代背景下，创业者往往仅能维持半年到一年时间的优势。因此，创业者在决定创业时，需要认真审视自身能力的可持续时长，进而确认在以往的竞争壁垒瓦解之前能否构建新的竞争壁垒。只有不断积累经验和提升业务能力，才能更好地维系领先地位。

（2）需求规模。

需求增长与产品的生命周期息息相关。部分商机看似机会小，却潜在无限的价值和成长空间。大型企业常因短期内看不到明显的增长和收益而忽视此类机会，创业企业则可以采用行之有效的办法抓住需求增长的机会，延续产品生命周期，实现利润的增长。

（3）攻防策略。

对绝大多数创业企业来说，在成长之初的半年至一年时间内，能否尽快获得市场占有份额，取决于市场对产品或服务是否有需求，以及创业企业的软硬件实力。因此，创业企业应当设计一套良性的攻守战略，在竞争中短时间内尽可能获得市场份额，树立自身的优势。

2. 保障创业价值的方法

（1）选对赛道。

成功的创业者，除了需要拥有优秀的能力、品德、团队之外，能够选择恰当的行业方向，抓住市场时机也至关重要。对创业者而言，找准有巨大发展前景的行业非常重要，能够在很大程度上提升创业成功的概率。当下，行业的数字化已成为市场趋势和发展方向，是创业的导向。因此，创业者在选择行业方向时，既要洞悉市场动态，还要积极把握发展新质生产力带来的机遇，拥抱数字化转型的浪潮才有可能成功。

（2）学会用人做事。

创业企业人力资源管理的关键是实现“人岗匹配”，需要考虑员工的短期需求和长远需要的动态平衡，短期需求如生活安排、人际交往等，长远需求如能力的发展、个人价值实现等。同时，公司还必须设立相应的奖惩机制，明晰组织结构、内部及外部的角色职能，提升员工工作效率，促进团队协调，推动公司更好地完成战略目标。

（3）开源节流。

经营可以实现盈利的稳定型公司需要在经营策略上实现开源和节流的目标。“开源”一方面要获取更多数量的使用者，通过商圈营销和辐射效应积累品牌影响力和用户群体，另一方面要采取极具吸引力的营销手段进行宣传推广，吸引用户的关注。“节流”则要留存现有的用户群体，让用户实现长期的稳定忠诚。在“节流”上还要做好用户关怀工作，结合传统市场的特点，用“人情化”手段提升用户的体验，增强用户黏性。当然，最重要的，唯有精良、优秀的产品或者服务，才能够让用户回头，达到“节流”的目的。

篇末案例

宁德时代：创业板龙头的崛起

1. 企业介绍

宁德时代新能源科技股份有限公司（以下简称宁德时代）成立于 2011 年，是一家在全球范围内处于领先地位的新能源创新科技企业。公司专注于动力电池和储能电池的研发、生产与销售，在电池材料、电池系统和电池回收等领域形成了核心技术优势，致力于为全球新能源应用提供优质的解决方案和服务。截至 2023 年，宁德时代连续 7 年在全球动力电池使用量排名中保持首位，在市场上拥有极高的声誉和地位，成为推动行业发展的关键力量。

2. 创业定位的精准实践路径

（1）基因传承：技术创业者的产业定位智慧。

宁德时代的创始团队深谙锂电池技术本质，曾毓群、黄世霖等核心成员在 ATL（新能源科技有限公司）时期即完成消费电池领域的技术积累。二次创业时精准捕捉新能源汽车产业窗口期，将技术优势平移至动力电池领域。这种基于技术基因的产业定位选择，使宁德时代避开了消费电子红海竞争，精准切入新能源汽车产业链的核心环节。

（2）战略定位的四个关键阶段。

标杆塑造期（2012—2014 年）：宁德时代合作成功承接宝马技术标准认证，完成了从消费电池向动力电池的战略升级。在这个过程中，公司超越的不仅是自身的技术能力局限，更是完成了战略再定位——构建汽车级供应商体系。在与宝马合作时期建立的 169 条国际标准体系，后续将服务全球车企的质量体系固化了下来。

市场卡位期（2015—2017 年）：宁德时代结合我国新能源汽车市场初期大补

贴政策窗口，坚定地发展三元锂技术路线，同时与车厂深入合作，迅速占据乘用车市场。2016 年宇通电池由宁德时代独家供应，奠定了其在商用车市场上的绝对优势地位。该时期确定的定位拉开了与第二梯队的技术及规模差距。

生态构建期（2018—2020 年）：宁德时代通过控股北美锂业、参股 Pilbara Minerals（皮尔巴拉矿业公司）纵向布局锂矿资源，横向拓展储能业务，形成了“动力 + 储能”双轮驱动的战略布局。尤其是在 2018 年，公司与上汽集团合资成立时代上汽，开启车企合作新篇章，从传统意义上的供应商转型为战略型合作伙伴。

全球定位期（2021—2023）：宁德时代实行本地化生产和技术授权的全球战略，分别在德国图林根、匈牙利德布勒森建设超级工厂，并于 2022 年推出将 EVOGO 换电服务拓展为能源服务商的定位。截至 2023 年，已连续多年位居世界动力电池市场占有率第一，同时在储能动力电池市场的出货量居全球第一，短短数年即跻身动力电池行业领先地位。

（3）创新结构：动力电池与储能市场角逐。

在白热化的竞争之中，储能业务成为宁德时代的第二增长曲线。在全员信发出后，宁德时代储能业务快速发力，依托其创新精神提出了“四创新”，包括材料体系、系统结构、极限制造和商业模式。其中，商业模式创新是宁德时代发展的关键，重点聚焦储能业务领域。储能业务范围很大，动力电池是其中一个重要的业务板块，具有受众面积广的特点，而动力电池不仅运用于新能源汽车领域，在储能电池的市场里也有广阔的空间。例如，新能源汽车动力电池性能衰减后，通过简单的改造便可以作为储能电池使用，有效地提升了动力电池的利用率和可持续性。

3. 定位支撑体系构建

（1）技术定位：持续构建核心优势。

第一，多样化的动力电池产品。宁德时代的动力电池主要包括电芯、模组 / 电箱、电池包等核心组件。公司提供多种化学体系产品，涵盖多种电池类型，有效覆盖不同能量密度区间，成功匹配不同用户需求。产品在可以快充的同时满足长寿命、长续航、高安全、宽域温控等多功能需求。公司以用户为中心，针对各类应用场景和用户的差异化需求，以定制化或合作研发方式设计定制型产品或方案，满足用户对产品性能的多样化需求。

第二，高效储能解决方案。宁德时代能够提供电芯、电池柜、储能集装箱以及交流侧系统等各类储能方案，储能产品针对发电、输配电、用户等领域，为能源供应提供可靠性储能支撑。在电芯产品方面，宁德时代围绕多样化应用场景以及产品全生命周期经济性，开发了储能专用电芯，包括为发电侧、输配电侧以及用户侧配置的产品，并且电芯有着长寿命、高安全、宽温区特点，为多样场景下储能筑牢了基础。针对系统集成，宁德时代采用智能液冷控温技术、高成组无模组电池包技术、无热扩散技术等，推出了一系列高效、高性能的产品，如户外水冷电柜以及储能集装箱等产品，具备较高的充放电效率、超强的系统集成性、超长的使用寿命和卓越的安全性，在各种气候环境下均可满足应用需求。

第三，电池材料及回收。宁德时代不仅供应相关电池材料产品，还积极参与电池材料回收利用工作，使电池产业链保持可持续发展。其相关电池材料主要为锂盐、前驱体以及正极材料等产品，公司通过对电池材料产品的技术创新，持续优化材料品质，为锂电池的生产提供保障。在相关资源回收上，宁德时代对回收的废旧电池，通过回收加工、提纯与合成等方式，成功生产出锂电池的制造主要材料，如三元前驱体、磷铁前驱体、碳酸锂，高效实现了其电池相关关键金属的循环利用。此外，将收集处理后的铜、铝等金属材料回收利用，最大限度地减少资源浪费。

（2）品牌：行业领先，品牌优势明显。

一是加大研发投入，拉大差距。宁德时代持续加码研发投入，相较于同行业竞争对手，在研发投入方面遥遥领先。截至 2024 年年末，公司拥有六大研发中心，研发人员超过 2 万名，拥有专利及专利申请合计 43354 项，其中境内拥有 25439 项，境外拥有 17915 项。宁德时代在境外专利数量上增长迅速，增长率高达 48 倍，凸显了公司在国际市场上的技术创新实力和专利布局策略的成效，为公司在市场竞争中树立了坚实的竞争壁垒。

二是打造“CATL inside”，获终端消费者信赖。截至 2023 年，宁德时代在高端新能源车市场所占份额已超过 60%，服务 170 万以上高端车型。在此期间，宁德时代通过研发测试及大量实车运用数据反馈，打造独有的闭环研发链条，实现研发测试数据与实际运用数据相互验证，获得全球广泛信赖。在 2023 年中国智能电动汽车新豪华 JLPOWER TOP10 榜单中，14 款车型搭载电池为宁德时代提供，占总榜的 70%。车型涵盖梅赛德斯奔驰 EQS、路特斯 Eletre、宝马 iX、极氪 009、智己 LS7 等一线汽车品牌。本次评价体系明确电池为必选的高权重评价指标，显示动力电池成为汽车电动化进程下衡量高端车型品质、性能、技术领先的行业标准之一。

（3）布局：全球一体化。

为应对原材料价格变动给企业经营带来的不确定风险，宁德时代坚持一体化产业链布局，以技术授权、长单等协同方式深度绑定正负极材料、隔膜等上游材料供应商，与上游供应商合力开发新技术，共同构建具有全球持续竞争力的供应链体系，不仅提升了公司产业链风险对抗能力，也为公司的未来发展奠定了坚实的基础。同时，宁德时代积极布局江西锂矿以及印度尼西亚镍铁等资源项目，锁定锂镍钴磷等核心矿产资源，实现电池矿产资源管控和利用，通过全球化基地实现属地化供应。公司更以宁德、宜宾、溧阳三座“灯塔工厂”树立制造标杆，以数字化制造将缺陷率降低至 10 亿分之一，不断引领全球锂电行业发展。

4. 发展总结

作为全球动力电池行业的领军者，宁德时代以技术创新为驱动、战略布局为支撑、商业模式创新为突破，实现了从中国龙头到全球巨头的跨越式发展。

第一，技术领先与研发投入提高核心竞争力。宁德时代始终将研发视为核心竞争力，通过持续的巨额投入和人才储备构建技术护城河。宁德时代 2024 年研发投入 186 亿元，累计研发投入近 700 亿元，远高于行业水平。宁德时代在研发人才方面具有领先优势，在全球范围内构建了多项专利布局，并在钠离子电池、凝聚态电池等前瞻性技术上实现突破。

第二，商业模式创新开辟第二增长曲线。宁德时代敏锐地捕捉储能市场机遇，通过“动力电池 + 储能”双轮驱动战略，打造第二增长曲线。其储能专用电芯和系统集成技术（如 EnerOne、EnerC 系列）在发电侧、电网侧广泛应用。通过电池租赁模式（BaaS）和换电服务，降低终端用户购车成本，增强市场渗透力。

第三，全球化布局与产业链垂直整合。为降低原材料对公司的影响，宁德时代积极通过合资、授权合作等方式与上游供应商进行强绑定来确保供应稳定，降低采购成本。自 2018 年开始，宁德时代加速全球化布局，在德国、匈牙利等国家建立海外工厂，实现“本地化生产 + 全球交付”，截至 2023 年海外市场占有率超过 20%，动力电池全球市场占有率连续 7 年居全球第一。

本章小结

本章主要讨论了创业定位的重要性及其相关内容。在创业时代的浪潮中，创业者需要精准把握市场定位，以适应时代变革的需求。第一节从价值链战略、蓝海战略和竞争战略三个方面阐述了战略定位的重要性，结合新质生产力的特点，为创业者提供了清晰的指引；第二节以创业团队的职责划分、成长阶段、沟通机制和组建计划为切入点，探讨了创业团队在创业征途中的重要作用；第三节围绕明确创业动机、设定创业目标、规划创业路径和实现创业目标展开讨论，点燃创业者内心的梦想；最后一节介绍了理解、发掘和保障创业价值的方法，以创业价值引领创业者在竞争激烈的市场中脱颖而出，铸就辉煌。

·: 第三章

创业基因：从0到1的突破

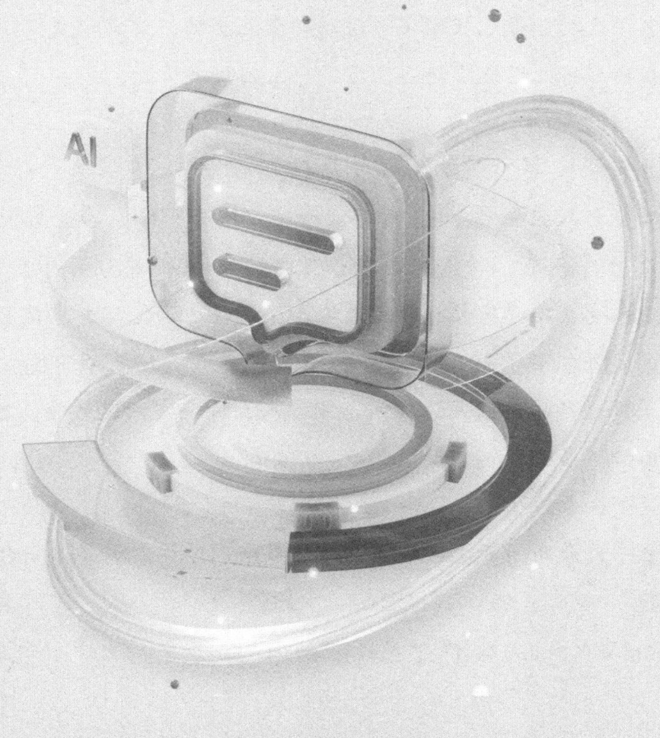

创业路漫漫，没有一帆风顺，而创业基因是创业者的法宝，让创业者明白前路所在。不管是创业新手还是创业达人，在创业路上，都需要努力“唤醒”自身的创业基因，做到心里有产品、心里有服务、心里有筹划。创业不仅是一次冒险，更是一场意志、智慧、毅力的大比拼，所以，创业基因的完善是每一位创业者的必修功课。

开篇案例

字节跳动：内容创业独角兽

北京字节跳动科技有限公司[①]（以下简称字节跳动）成立于2012年3月，是致力于将人工智能融入移动互联网领域的科技企业之一。公司自2015年开始全球化布局，核心战略是将技术拓展到海外市场，旗下产品包括今日头条、西瓜视频、抖音、火山小视频等。回顾字节跳动的创业历程，这家仅成立十余年的中国互联网公司在内容行业迅速崛起，经历了一系列关键节点。

1. 今日头条：字节跳动的创业基石

字节跳动创始人张一鸣2005年毕业于天津南开大学，毕业后便开始了他的创业之路。2011年年底，时任九九房CEO的张一鸣洞察到移动互联网的潜力，发现信息消费的受众规模庞大且门槛较低，远超房地产信息垂直搜索，他深信这是一个巨大的创业机会。2012年，张一鸣向投资人王琼展示了他心中的产品原型，打造了一种全新的新闻阅读模式，投资人立即决定对其投资。2012年8月，今日头条App正式上线。

（1）智能手机上的资讯服务争夺战。

长期以来，大众新闻资讯主要通过传统报纸、电视广播媒体平台传播。但在

① 2022年5月已更名为北京抖音信息服务有限公司。

智能手机普及的当下，人们日渐习惯通过手机获取信息。2013 年，我国手机资讯用户端竞争进入白热化，虽然行业竞争激烈，但多数 App 仅能满足用户的信息消费、打发时间等即时性需求，缺乏可持续的商业模式。但张一鸣和今日头条仅用 2 年时间便打破了投资人的固有成见，从默默无闻到备受追捧的背后有几大关键因素。

第一，优秀的产品设计、成功的市场推广策略。今日头条这个名字简单易懂，“头条”代表着最重要的新闻，“今日”则彰显了时效性，符合互联网用户对资讯用户端的期待。在传统新闻网站每天仅更新 1～2 次内容的情况下，今日头条却能够持续输出新鲜资讯。

第二，在业内公认个性化推荐技术尚不成熟的情况下，张一鸣亲自编写了第一版个性化推荐引擎，这种基于大数据和机器学习的智能分发工具能够根据用户的反馈做出个性化推荐，解决了信息分发效率的问题，实现了不同信息对目标用户的精准触达。

第三，2013 年秋季，今日头条建立了个性化推荐信息流广告模式，这种高效的商业变现能力弥补了众多互联网创业企业的短板。

（2）运营模式：算法 + 内容。

今日头条旨在构建一个能够洞察用户对内容满意程度的模型，主要预测内容走向、用户特征以及环境特征，形成完善的个性化推荐系统。该模型可以推断在特定场景下用户对推荐内容的接受程度。

同时，今日头条上线了类似于微信公众平台的头条号平台，大力扶持 UGC 的发展。上线伊始，创作者即可在今日头条发布文章、图片、短视频、问答、投票等各类内容，并通过机器引擎将其分发至目标用户，以技术和运营有机结合的方式持续改进推荐算法，提升用户体验，加大与版权方的合作力度，解决版权难题，促进内容生态良性发展。

（3）盈利模式：广告。

传统互联网门户的广告常常干扰用户体验，充斥着 Banner（横幅广告）、闪动的广告图片等，今日头条的广告模式则更好地平衡了商业利益与用户体验。在广告运营方面，今日头条有着独特的商业计划思路与实践。

第一，广告信息化。今日头条将广告视作信息的一部分，认为广告本身也可以为用户提供价值。通过根据用户兴趣在信息流中巧妙地插入广告，极大地减少了对用户阅读体验的干扰，同时也提升了广告的有效传达。

第二，广告投放智能化。今日头条的广告分发是自动完成的，为了满足用户的个性化需求，根据用户的点击、点赞以及收藏等行为，获得用户画像标签，通过自动推荐的手段向用户呈现不同类型的个性化广告。

第三，广告信息视频化。今日头条运营团队观察到用户观看短视频的快速增长趋势，自 2016 年一季度起便开始在广告运营中增设视频选项，旨在抓住用户对视频内容的偏好，提供更生动、吸引人的广告形式，从而提升广告的曝光率和转化率。

2. 抖音：字节跳动内容产业的崛起

2015 年 5 月，今日头条 App 推出了短视频频道。随着时间的推移，视频内容在平台上的播放量不断攀升，迅猛增长的视频播放数据引发了字节跳动管理层的战略思考，张一鸣意识到，短视频行业已经进入加速爆发的阶段。这一判断成为字节跳动制定新战略的出发点。

（1）短视频时代的兴起。

字节跳动并不是第一家进入短视频领域的公司。早在 2011 年国内就已经有快手 App，而美国的 Vine 在 2012 年春天就已经出现。但这些产品和后来风靡全球的 15 秒音乐短视频存在明显差异。

2016 年，短视频正在成为一种潮流产品，但怎么抓住用户，如何建立一个完善的商业生态仍是行业难题。国内短视频在 2011 年出现雏形，但在 2016 年才真正地大规模兴起。当时秒拍、小咖秀依靠微博大 V 获得关注度，快手则是扎根在三四线城市，字节跳动如果想在短视频赛道突围，一定要找到差异化突破口。

（2）抖音的异军突起。

2016 年春夏季，字节跳动连续上线了火山小视频、头条视频（后更名为西瓜视频）以及 A.me（后更名为抖音）。抖音以创意音乐短视频为卖点，成为年轻人记录、分享生活的内容平台。

抖音的诞生源自字节跳动内部的创业团队，这支不足 10 人的年轻队伍，凭借极大的热情和创造力，积极开展运营工作，将精细化运营发挥到了极致。在内容建设方面，抖音始终把“好看”放在首位，特别注重健身、旅行、音乐、舞蹈、绘画、美妆等与美好生活相关的内容。时尚、有趣的内容标签为抖音赢得了年轻用户的青睐，并与其他竞争对手形成了差异化风格。

在抖音崛起后，字节跳动针对性地向抖音加大了资源倾斜。一方面，字节跳动在运营端拥有先进高效的个性化推荐算法，基于算法可以快速挖掘用户诉求，针对用户痛点推送信息，确保用户持续触达感兴趣的信息。另一方面，字节跳动在营销端的努力也不可忽视，它利用今日头条海量的流量，以及大量的广告投入助推了抖音用户量的爆发式增长。

与今日头条类似，抖音通过与传统版权方合作，扶持 UGC，筑牢了内容壁垒，为用户提供了丰富的素料。抖音在音乐与视频素材上的投入、与长视频企业的竞争与合作，以及对 MCN（多频道网络）和网红发展的带动，都呈现出更深层的产业价值。

（3）抖音的商业模式。

抖音商业模式的核心结构是以一个中心圈的形式围绕着头部用户和 MCN 机构展开，中心圈内的所有成员由抖音算法系统对其进行监控并分发内容，而圈外 95% 的普通用户仅承担流量变现的基础功能。现阶段，抖音商业模式的变现渠道主要有两个：一是广告业务，包括视频流夹带广告和定制站内挑战等形式，从今日头条到抖音，字节跳动已经搭建了两个高效的商业系统，其中广告业务是最关键的一环；二是电子商务，在 2019 年之后，直播电商成为一股潮流，抖音也加强建设独立的卖货平台，布局电商生态。

字节跳动已经明确了两大主要赛道：资讯分发和短视频，分别以今日头条和抖音为代表。两大赛道有着几乎相同的业务逻辑：以满足用户获取信息、娱乐等需求的方式吸引越来越多的用户和消费时长，然后通过广告、电商等手段实现商业变现。

3. 发展总结

从字节跳动的发展历程可以看出，张一鸣及创业团队精准捕捉到了移动互联网时代的重要机遇，在激烈的竞争中，将企业发展成为全球创业领域的领跑者。

随着移动通信技术的不断发展以及国际市场的急剧变化，字节跳动将企业目标定位为“促进创造，充实生活”，以此积极制定新战略发展方案，迎接新一轮发展机遇。在新时代发展道路上，字节跳动将持续为用户创造价值，推动互联网行业进步。

第一节 创业之“花”：内容产品价值最大化

一、内容创业的挖掘

1. 内容创业的内涵

内容创业是指生产高质量的图文、音视频等形式的内容，并开展销售等活动，是一种由创业者负责内容的创建、生产及发布过程的创业方式。随着移动网络的快速发展，内容创业出现了多元化趋势，如微信文章的阅读量计费、喜马拉雅 FM 上的知识付费、微博的短视频运营等都属于内容创业的范畴。

随着新媒体时代的兴起，内容创业的机会也在增多。创业企业需要不断推动新质生产力创新，抓住数字化转型带来的机遇，同时保持对市场的敏锐洞察力，持续增强适应能力和创新力，以更好地应对新型市场挑战，在市场竞争中赢得长久发展优势。

2. 内容创业的分类

内容创业是一个范畴很广的互联网创业行为，主要通过内容输出吸引关注、积聚流量进而建立自身的商业变现体系，目前已经成为热门的创业方式之一。内容创业具体可以分为图文内容创业、视频 / 音频内容创业两大类。目前，图文形式在内容创业市场中占据了约 80% 的市场份额。

（1）图文内容创业。

图文内容创业主要以制作图片和文字内容为主，此类内容主要在微信公众号、自媒体账号等平台发布，在微信公众平台、今日头条、一点资讯等自媒体网站上进行传播。内容创业者通过精心设计制作的图文内容为用户提供信息价值和娱乐，通过内容输出吸引用户关注，实现品牌建设，积累用户群。

（2）视频 / 音频内容创业。

视频 / 音频内容创作以视频和音频类内容的生产为主，以视频 / 音频账户为主要发布渠道，在视频类网站、音频类网站等平台发布视频、音频内容。内容创业者通过生产“吸睛”的视频、音频内容吸引用户，以此在视频类、音频类网站收获更高的曝光率和影响力。视频 / 音频内容创作不仅依靠优质的内容，还需要采用合适的技术手段和营销手段扩大用户群体，获得更大的商业变现机会。

3. 内容创业的目的

内容创业的目的包括但不限于以下几个方面。

第一，售卖内容。例如，一款 App 提供了多个年度订阅产品，主要涉及商业、创业等领域的内容。这些内容经过精挑细选，由专业团队进行二次加工，最终形成“头部内容”并售卖给用户。这些产品不仅确定了内容方向，还定义了产品、知识维度、交付形式等。

第二，内容导购。例如，一些平台通过推送优质产品信息，为用户提供消费攻略，影响其购买决策，进而促进消费行为。

第三，打造 IP（知识产权）。高质量、有价值的内容能够吸引流量，从而培养出具有商业价值的 IP。如果某一作品深受网友喜爱，其作者的粉丝数量超过了一定规模，那么作者的工作室就可以通过商务合作、出版物、周边衍生品以及 IP 授权等方式实现收入。

4. 内容创业的优势

第一，便捷性。创业者通过生产内容，在不需要投资与经济成本的情况下便可引领流行趋势，借助自媒体环境下不断增加的信息需求获取机遇。内容生产与发布的便捷性随着新媒体渠道的不断扩展而提升，手机发布内容的灵活性更高。

第二，高黏性。内容输出能够引发粉丝共鸣，实现持续互动，使创业者在粉丝中成为“意见领袖”，进而引爆社群。

第三，用户市场广阔。广阔的用户市场促使创业者进行垂直细分，在不同领域衍生出新的内容。在这一背景下，创业企业可以借助创新的商业模式，实现内容变现，推动内容创业进入新的高潮。

二、内容创业的特色

1. 内容创业的底层逻辑

伴随着互联网、移动互联网的蓬勃发展，内容创业成为创业者的热门选择。而内容创业的逻辑最初源自人们对信息的需求和获取需求，人们在任何时候对于知识、娱乐的需求都没有改变，内容创业者则恰好是满足这一需求的一方，以生动有趣的文字、视频、音频等为用户提供了大量有趣的内容，引来大量的流量关注，进而使流量成为内容创业者最关注的指标之一。

但流量带来的内容创业只是单纯的流量获取，无法带来长期的商业价值，必须要思考如何让流量实现变现获得收益，使内容创业在流量更迭中持续发展。内容创业者需要深挖内容创业的变现路径，找准自身特性及目标用户的特征，选择相应的商业模式，或者是通过广告投放带来流量，或者是提供付费订阅服务获得效益，或者是通过线下活动或者产品服务收费实现变现。

2. 内容创业的特征

内容创业的特征有如下三点。

（1）矩阵化、团队化。

自媒体领域从最初的火热发展到现在，逐渐出现了内容质量不高和市场趋于饱和的问题。很多自媒体的模式都是个人化开始的，但是当发展到一定的阶段，受行业竞争等影响，个人能够了解、掌控的内容和范围将逐渐减少。而通过建立团队、采取内容矩阵的模式就可以更好地展开，覆盖更广泛的受众群体。

（2）新媒体化。

传播媒介经历了多次翻天覆地的变化，从古代的竹简、纸质媒介，到如今互联网上的图文、音频、视频、直播等多种形式，呈现出了多元化的特征。每一次媒介变革均是在新的生产力的作用下实现的，但不能认定某一产品一定是最好的，因为不同时代、不同内容需要借助不同的表现形式才能达到最优化。时至今日，由于信息过于泛滥，从而导致人们的注意力递减，作为内容创业者必须要面对的问题是：如何充分掌握受众需求并利用新媒体推出令其满意的内容。

（3）内容仍是根本。

互联网时代，碎片化的阅读普遍存在，海量粗制滥造的内容犹如快餐，虽能缓解读者对信息的饥渴，却无法为读者提供思想滋养，更难以俘获对低质内容不太认可的读者。面对信息大爆炸，产业升级势在必行，对优质内容的供给和需求也将达到新的高度。内容创业者要抓住这个机遇，认真发掘细节，打造优质的文章，以得到更多对内容要求较高的读者青睐。此外，吸引受众的内容与目标用户的渗透息息相关，因此，建立高质量的社群、举办高水准的线下沙龙活动或为目标用户提供精准的服务，也可以为内容创业者带来更多的流量。

三、内容创业的效用

1. 内容创业的变现模式

随着内容创业变现的模式越来越多元化，也为创业者开拓了更多的盈利路径。其中，最常见的是广告模式、知识付费和内容电商。

（1）广告模式。

广告模式是内容创业的主流变现模式，表现为吸引流量，为广告商提供曝光机会，同时创业者也可以从中获取广告收入。该模式具有投入少、变现快的优势，所以备受创业企业青睐。

（2）知识付费。

近几年兴起的知识付费也成为内容创业的一种变现模式，创业企业可以通过提供质量优良的知识型产品（音频、视频课程、软件工具等）向顾客收费。知识付费将内容创业和教育结合在一起，为创业企业创造了更多的变现可能。

（3）内容电商。

内容电商是指创业者在电商平台售卖、推广产品，通过产品销售实现利润变现。相较于广告模式，内容电商模式更为直接，能直接提升内容创业者的利润率。

除上述主流模式外，其他还有衍生品售卖、社群经济等变现模式，进一步拓展了内容创业者的变现渠道，为创业企业提供了更多的选择。

2. 如何打造内容创业

（1）深耕内容，打造个人品牌。

深耕内容，打造个人品牌是当前内容创业的趋势。用户更偏向于关注专业素养高、风格鲜明的自媒体账号，所以创业者在初期就要找准自己的风格定位与内容特色，并围绕其持续输出相关内容。同时，内容创业要全方位展开，积累人气和粉丝量，用不同的内容呈现形式和不同的平台进行内容传播，加深个人品牌影响力，提升内容变现的可能性。内容创业企业也可以借此提供数字化工具与资源，为内容创业者提供便利。

（2）内容分发，寻找合作机会。

与其他自媒体账号或平台开展内容合作，是内容创业者扩大传播影响力的有效渠道。一方面，与其他账号合作进行内容的互换、互推，提高内容的传播范围，另一方面，与知名自媒体或品牌方展开合作，增加粉丝和流量，提高变现潜力。此外，还可以与企业合作完成品牌推广或与电商平台展开内容销售合作。

3. 内容创业的未来趋势

对于内容创业者而言，目前行业已进入存量竞争深化阶段，市场对内容的要求有所提升，用户可能不会再被花里胡哨的标题、简单粗暴的内容所吸引，因此，提供长期、优质的“硬内容”是目前内容创业者需要重点关注的方向。

如今，内容创业虽竞争大但门槛低，创业者可以吸取前人的经验教训，少走弯路，快速达到成功，因此非常适合创业新手进入。随着互联网行业与传统行业的相互融合，内容创业者要想得到进一步发展，必须加强个人品牌建设，形成独立的 IP 和稳固的私域流量关系。

第二节 创业之“翼”：新质生产力下的创新

一、产品创意的源泉

1. 产品创意是什么

产品创意是指针对新产品的独特、新颖的构思或概念。产品创意兼具创意与产品双重属性，重点在于打破常规，以独特的方式呈现。产品创意包括产品功能上的创意、设计风格上的独特呈现以及解决问题方式的创新等。

2. 产品创意设计的目的

创意不仅可以为产品的功能、外形、体验等方面注入新鲜元素，提升产品竞争力，还能决定产品的交易情况以及盈利价值。消费者在购买产品时更倾向于选择独特的新产品，感受个性化、新鲜感带来的差异化使用体验，这也正是创意的展现，从而让创业企业获得更多的利润。通过整合新质生产力和数字化方案，产品创意的达成更加便捷、智能，而且数字化转型对产品市场宣传、产品消费体验方式也实现了创新与重构，为创业企业带来全新的发展动力，提升了产品创意的广度及深度，让企业在真正意义上走出了一条创新永不止息的发展路径。

3. 如何培养创意思维

培养创意思维需要创业者长时间观察、体会、思考、感悟，并对所获得的经验进行内化，转化为新的创意。培养自己的产品创意思维，可以从以下四个方面着手，如图 3–1 所示。

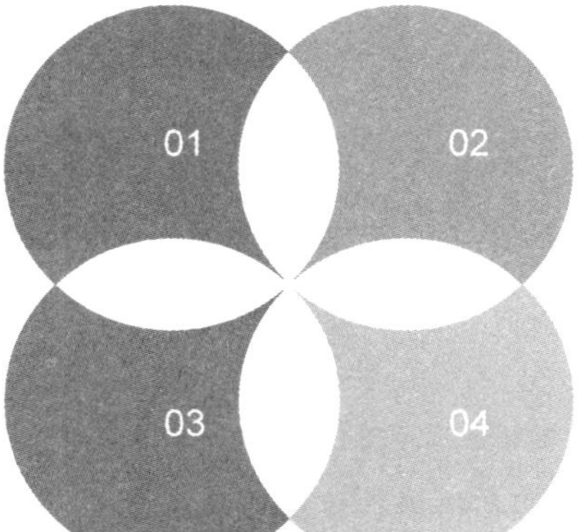

图 3-1 培养创意思维的四个方面

创业基因专栏 3-1

拓尔思：打造人工智能创新逻辑

1. 企业介绍

拓尔思信息技术股份有限公司（以下简称拓尔思）成立于 1993 年，是中文全文检索技术的开拓者，以其在人工智能、大数据和数据安全领域的先进产品和服务而闻名。公司坚持“数智 + 赛道”的发展策略，专注于利用卓越的科技能力打造多元化的行业解决方案，为企业和政府的数字化转型提供有力支持。2024 拓尔思荣登中国大模型领军企业 20 强及中国人工智能百强榜单，已成为业界数字化转型的引领者。

2. AI 产品创意

（1）人工智能技术平台——智拓。

智拓是由拓尔思打造的语义智能技术平台，其核心优势技术是自然语言理解、知识图谱与图像检索等，集成的其他核心技术有RPB机器人流程自动化与DT数据中台技术，具体业务应用于媒体融合、智慧专利、智慧公安、智慧政务、智慧金融、开源情报分析等领域。此外，智拓平台还能向用户提供统一、全面的文本音视频与多模态AI服务，助力客户快速构建具有自身特色的AI技术服务能力，显著提升行业语义智能服务能力。

一站式AI开发方面，智拓根据各行业的不同需求，设计了一体化的AI能力平台，包含全生命周期的AI开发管理功能，平台提供图形化的操作界面，支持可视化建模以及Notebook建模，无须深入编程，即可实现算法模型设计、训练、优化、评估、发布、下载的全流程处理，降低开发难度，提升开发效率，生成的AI模型可便捷地嵌入智语、智眼等产品中，大幅提升相应产品在行业领域中的应用效能。

智能数据标注方面，智拓在人工智能训练环节，利用人工智能定制优化平台解决标注数据的问题，借助数据智能标注平台为用户提供文本、图像、视频等数据标注服务，包括基于数据的机器预标注、可视化标注、标注效果评估等平台功能。用户可以根据自己的业务需求建设属于本行业的专用标注数据集，开发专属的行业AI模型。

知识驱动方面，智拓深度学习主要依靠人工注释的大数据和高算力来推动。知识图谱作为高质量标注数据为深度学习提供了重要信息。行业知识图谱等知识资源融入深度学习，结合大数据驱动的深度神经网络和知识驱动，通过多模型集成学习，提升认知计算的效果，同时把深度学习结果应用于知识发现，形成循环，推动人工智能技术持续发展。

（2）知识图谱平台——安拓。

拓尔思的安拓知识图谱平台是一个基于动态本体、知识图谱理论，面向多领域的多源异构大数据知识图谱构建的平台，支持海量、快速加工处理，简单构建计算机可读性知识图谱，同时将大规模数据（包括各类文档、多媒体）进行整合、关联、标引和知识化，从而形成领域内对象、属性、关系、事件、文档、多媒体的大规模知识图谱。

核心功能方面，平台提供百亿节点知识图谱智能处理分析功能，具备丰富强大的知识浏览探索与管理能力，操作界面友好易用，支持不同机构、职能、区域的用户协同操作，实现知识的共享与互动，提供知识图谱应用接口，支持第三方扩展应用，丰富平台功能与应用场景。

（3）图像视频识别理解——智眼。

智眼平台集成了主流深度学习框架及模型，通过深度学习模型对图像及视频进行深度理解和解析，提取关键特征，搭建强大的图像及视频检索引擎。用户输入图像及视频，可即时实现智能识别及处理，并快速在图像视频库中检索到与输入相近的内容。

该平台既能够实时监测大量图片及短视频数据，又能够保证互联网图像和视频内容的安全性和优质性服务。此外，平台还可用于版权认证、内容审核等领域，为维护互联网良性生态发展提供基础技术保障。

3. 发展总结

拓尔思借助在人工智能领域多年的技术沉淀，以深度学习和知识图谱等核心技术为支撑，不断攻克智能技术平台方面的技术创新问题。未来，拓尔思将继续致力于为用户提供高效、智能的解决方案，发挥独有的智能赋能作用。

二、共创模式的迭代

1. 共创的本质

共创作为经济概念不仅存在于现今创意产业的发展中，而且能够对原有的基于个人创意模式的产品进行更新，以推动产品生产走向多人合作的创作模式，从而形成共创模式。

以消费者为导向的发展模式，能够体现企业的差异化定位，有利于开拓新的增长点。共创模式有助于创业者品牌与消费者关系的共同塑造，为创意类产业可持续发展提供了保障。

2. 共创的分类

当中国消费市场进入由个性突出的“Z世代[①]”消费群体主导的阶段，传统的广告灌输传播已不能满足消费者个性化需求。创业主体和用户之间的关系发生了改变，共创时代正式来临。

（1）产品共创。

创业者与用户直接互动，共同参与产品的创造、开发、制造与生产，此过程被称为产品共创，简称为C2M（用户直连制造），即消费者根据个人需求，直接向工厂下单定制产品，工厂根据订单要求生产出符合消费者个性化需求的产品。这种模式的最大优点就是消费者能够以合理的价格获取符合自身个性需求的产品，并且使创业者与消费者处于一种紧密的关系状态之中，也是消费者与创业者进行共同创造的一种过程。

（2）UGC共创。

UGC共创是指用户以产出内容的方式与创业者合作，如在各大社交媒体平台发表对产品或服务的使用评价、改进建议等，既有助于增强用户体验、用户参与感和用户归属感，还能获得用户对市场端的反馈意见和产品自身的改进方向等。在当前的时代背景下，创业者更需把握新质生产力的发展规律，及时跟踪用户体验反馈，关注用户、积极采纳用户意见、与用户共同成长，通过共创让产品更加智慧化、个性化，顺应不断变化的市场需求。

3. 共创的局限性

在共创过程中，虽然能够有效地整合资源、减少时间成本，但创业者也必须正视共创存在的一些局限性。

（1）受时间的限制。

一个大项目的运行需要大量的时间和精力投入，如果创业者想在有限的时间内完成大项目，就需要多人参与其中。多方参与虽然会增加一定的管理成本，但

① 通常是指1995—2010年出生的一代人。

能够有效缩短生产周期，加快产品上市速度。时间是有限的，对于创业者而言，如何有效管理时间是一个核心问题。

（2）受个人条件的限制。

创业者的精力和能力是有限的。即使是最优秀的创业者，也会存在知识结构、创业能力、数字背景、商业计划等方面的局限性，也会面临无法全身心投入创业的窘境，并且因为缺少新质生产力的赋能，数字化程度较低，无法投入足够的时间和精力推动创业项目。

4. 共创的优势

（1）提供交流协商机会。

在创业行为中，创意的产生并非简单地接受或是复刻，更多的是一种积极的建设行为。个人主观因素会影响创业者的观点，进而导致创意本身并不总是合乎逻辑，需要创业者在与外界的协调中加以调整，而共创恰恰为其提供了这样一个机会。

（2）规避市场风险。

除了部分目标较为明确的创业项目外，大多数创业者都会不同程度地面临市场风险。共创背景下的创业者有着不同的背景和经验，对产品市场表现也有着不同的看法和体验，这在一定程度上可以规避因对市场趋势的误解、对竞争环境的忽视以及对自身能力的过度自信等而造成的市场风险。

三、生命周期的管理

1. 产品生命周期的概念

产品生命周期是指从产品开始销售直至退出市场的全部时间，是由需求周期与生产技术周期结合而成的，体现了产品在市场中的经济寿命。在产品生命周期中，受消费者需求变化、科技进步和市场竞争的影响，产品从流行到被淘汰各个阶段呈现出不同的特征，这就要求创业企业对产品生命周期进行有效的管理。

2. 产品生命周期的特征

产品生命周期是指产品从入市到退市的全过程，一般可分为引入阶段、成长阶段、成熟阶段和衰退阶段（见图 3-2）。在此过程中，产品会随着市场变化出现不同的反应和销售情况。

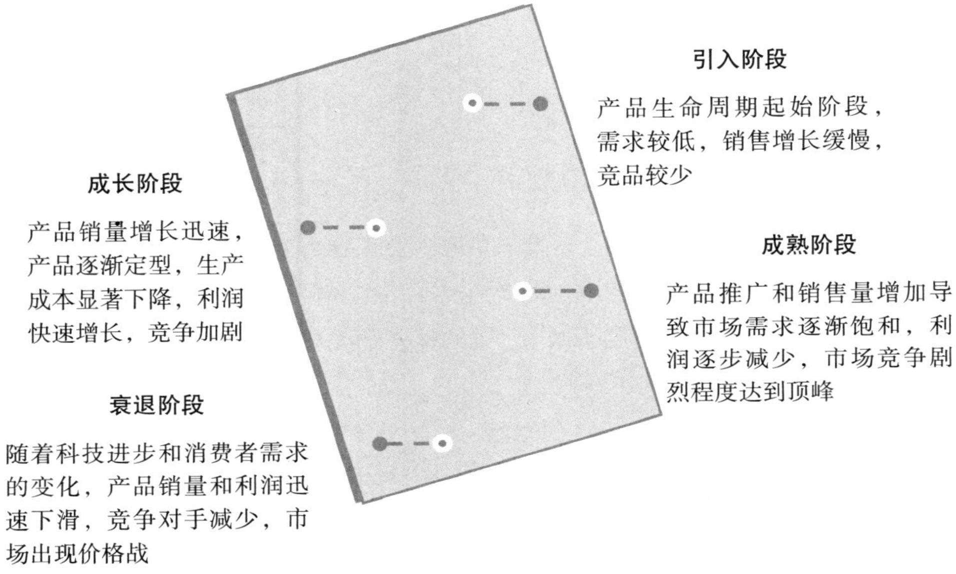

图 3-2　产品生命周期的四个阶段

3. 产品生命周期的管理

产品生命周期的管理需要注重以下四个阶段的管理，如图 3-3 所示。

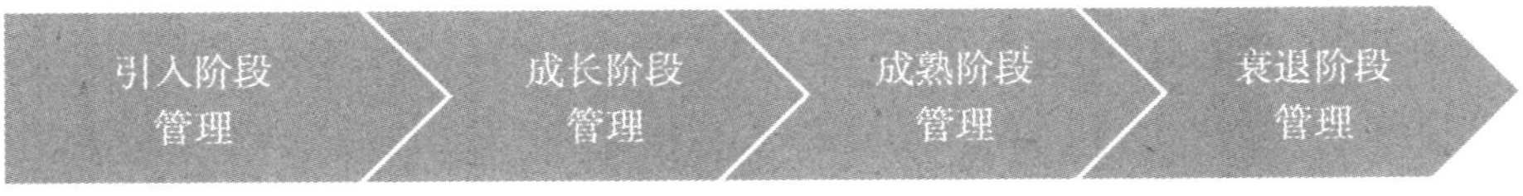

图 3-3　产品生命周期四个阶段的管理

（1）引入阶段管理。

企业产品进入市场初期即引入阶段，需要加大宣传力度提升产品销量以增加产品市场份额和声誉。创业企业的主要策略包括：积极进行宣传推广，加大产品宣传的力度和渠道的广度，提高产品的曝光度；选择合适的市场定位和产品消费群，识别并满足消费者的需求。

（2）成长阶段管理。

处于成长期的创业企业需要使用强化策略巩固产品的市场地位，培养客户对该品牌产品的忠诚度，进一步扩大市场份额，抵御竞争者入侵。同时，挖掘尚未被占领的细分市场，以需求为导向组织供给，快速进入新市场。此外，广告促销的重心由产品转移至品牌形象，树立强势品牌可以帮助企业维系老客户、吸引新客户；在适当时机，可以采取降价策略来刺激价格敏感消费者的购买欲望。

（3）成熟阶段管理。

面对市场饱和等挑战，创业企业需要采取一系列措施延长产品的成熟阶段。一是谋求相对稳定的销量和市场份额，可进一步提高产品品质、优化服务等，留住现有用户并吸引新用户；二是寻找市场扩展机会，开辟新的销售渠道、获取新的用户以及开发相关的衍生产品等；三是通过加强品牌宣传和运用多种促销手段提升产品的知名度和美誉度，从而提升竞争力获取更多的市场份额。

（4）衰退阶段管理。

衰退阶段意味着产品的吸引力下降，销售数量急剧降低，利润大幅度缩减，直至出现亏损现象，原有产品的市场地位即将丢失。在此条件下，创业企业需要判断市场形势和消费者的新需求，寻求新的发展机会。部分公司可能会退出市场，更有竞争力的公司则会开发新的产品类型。在该阶段，消费者的购物习性也发生了彻底改变，更加偏向于性价比高的产品，而不仅是关注品牌或者性能，因此，创业企业需要重新规划产品的定位与营销方案。

第三节 创业之“心”：数字化服务生态

一、创业服务概述

1. 什么是创业服务

创业服务是一种综合性的支持体系，旨在为创业者及创业企业提供全方位的支持与帮助。创业服务不仅涉及政策咨询、信息咨询、法律咨询等硬性服务，还包括财务管理、投融资管理、企业管理等软性服务，目的在于帮助创业企业提高效率、降低成本、减少风险，从而促进创业企业的成功发展。

创业服务的对象广泛，涵盖从个人创业者、首次创业者直至具备丰富经验的再创业者；服务提供商也极具多样性，包括成功的创业者、创业企业、社会公益事业组织等，通过提供信息、指导和资源协助创业者达成创业目标。

创业服务流程丰富多样。一方面，创业者可以利用各种形式发布项目，以此寻找项目伙伴以及项目投资者，为自身的创业规避风险。另一方面，政府会针对不同的地区打造创业园区，为创业企业提供政策优惠，提供资金支持，为创业者提供更广阔的发展空间。此外，还有许多创业投资企业以及相关机构为创业企业提供创业指导咨询服务，解决创业企业现阶段所临的问题，为创业企业的成长保驾护航。

创业企业可在数智商业计划书中展示创业服务的潜力与价值，体现创业服务对于创业企业的赋能，引导其他创业企业深入了解创业服务行业，寻求新的创业发展路径。

2. 创业服务的行业概况

创业服务机构最初以基础设施型服务为主，比如提供办公场地、代办注册事务等。经过多年发展，创业服务机构日渐增多，服务方式也不断变化，已初步建立了办公空间型、企业服务型、融资服务型、辅导培训型、营销推广型等多元类型，涵盖物质支持和从创业规划到市场营销的各个环节。

从需求侧而言，中小企业作为经济社会发展的主要推手，对创业服务的需求持续上升。国家及各省市区政府也陆续出台一系列政策，支持中小企业向“专精特新”发展，为创业服务机构拓展业务创造了更多的空间。高质量中小型企业评价标准体系的不断完善，也推动着创业服务机构持续优化服务水平以适应市场需求。

3. 创业服务竞争格局

创业服务行业经过十几年的积累发展，形成了非常庞大且复杂的市场格局。一方面，存在信息对称性差、缺乏整合平台等问题，市场集中度不高，整体竞争激烈；另一方面，为创业者提供了更多的选择类型。但创业者需重点获取适合自身发展的支持和资源。

各类创业服务机构凭借其优势资源打造不同的服务特色，针对不同背景、领域、特征的创业者打造“投资 + 孵化”型、创客孵化型、共享办公型等不同业务。随着市场的发展及需求日益多元化，行业内部不断升级迭代，越来越多的创业服务机构寻求转型，创建新的商业模式。

创业者更倾向于选择可以提供闭环式、定制化的创业服务机构，期望其服务能够涵盖创业发展的全流程，解决遇到的各种问题和麻烦。基于此，创业服务机构需要更新服务模式，提高服务品质，以满足创业者日益增长的需求。

二、创业服务的风险与壁垒

1. 创业服务面临的风险

（1）宏观经济周期变化。

当前，世界经济正处于转型的重要时期，国内外经济形势存在不确定性，整体需求有所下降，创业企业信心受挫，经济增长放缓的压力凸显。在这种严峻的环境下，创业服务行业发展直接受到经济周期变化的影响。

（2）行业监管及产业政策变化。

创业服务行业的发展不仅取决于创业市场及其竞争形势的变化，还受到行业监管政策变化和政府政策环境变化的影响。政府对创业服务行业的监管力度越来越大，一方面是为了维护市场的正常秩序，保护消费者的合法权益，另一方面是为了保障创业服务行业的健康发展。另外，产业政策也时刻影响着创业企业的发展与战略制定，创业服务行业若不能及时根据监管政策的调整与变化，调整自身的经营策略，就可能面临退出市场或者被处罚的风险。

（3）竞争加剧。

伴随着数字化转型的快速推进，国内创业服务行业迎来了高速增长，竞争越发激烈。现有的成熟创业服务机构依托其品牌影响和互联网技术等优势，在行业站稳了脚跟，但是面对大批新的创业服务机构的涌现、创业孵化网点的扩张，仍需持续创新以应对市场竞争。

（4）人才流失。

创业服务是典型的智力密集型行业，人才是创新创业服务的根本。当前，创业服务行业中的部分领军企业已经拥有了具有较高人力素质和人力技能的创新创业管理人员与营销人员，但随着行业竞争的加剧，企业的竞争更加依赖于人力资源的竞争，创业服务企业若不能采取有效措施稳定人才队伍，则将会对企业的发展产生不利影响。

2. 创业服务存在的壁垒

（1）人才壁垒。

创业服务业务涉及技术服务、运营管理、销售、设计等多个行业的综合工作，需要专业的多元化人才与深厚的专业经验作为支撑。首先，只有拥有更加专业的团队，才能更加准确地对行业进行判断，预见行业发展的新方向，为创业者提供更有价值的帮助。其次，面对云计算、大数据、5G 等新质生产力的广泛应用，创业服务机构需要及时感知行业变化，在各个领域充分利用前沿数字化技术手段，给予用户真正有价值和更有竞争力的服务。因此，创业服务机构在推进产业链和创新链融合发展的过程中，应加强人员培训及招聘，提高人员技术水平，同时创建人才成长体系以及人员激励体系，吸引更多的行业高端人才助力企业发展。

（2）资源壁垒。

创业服务行业的资源壁垒主要是由区域竞争本身存在的一些特性造成的。新进入的企业不仅需要考虑地区内资源供给的有限性，还需要考虑建立有效合作渠道的难度问题。地区差异会影响资源的配置问题，未开发地区易出现资源缺失的现象，进而造成机会成本的增加，新进入的企业若选择已有地区的市场进行分割，又将面临被竞争对手占据资源的隐患，加大了企业进入市场的难度。

（3）品牌壁垒。

品牌壁垒也是制约创新服务行业发展的因素之一。一些成功的创业服务机构以其先前积累的资源和社会资本，如人脉、资金、经验、技术等，吸引了大量的优势项目集聚到创业服务网点，进一步提高了该创业服务机构在行业的影响力与声誉，从而形成了该创业服务机构的高品牌壁垒。其他创业服务机构想要进入该服务领域，占据与其相同的地位，则非常困难。

三、创业服务的发展与创新

1. 创业服务的发展趋势

（1）创业服务的需求上升。

新时期，国际产业分工和转移呈现新格局，创新驱动已成为产业发展的重要推力，社会经济的数字化转型持续深化。在转型时期，创业者处于前所未有的重大发展历史节点，其脱离传统的经济增长路径，转而积极探索创新和变革等。在这一浪潮的推动下，创业者对创业服务的需求日益增长，需要更多的支持和资源助力创业。

（2）创业服务的方式优化。

当前，我国经济已进入转型升级的重要阶段，随着传统产业的发展渐显乏力，以科技创新为内生动力推进产业升级，成为推动经济发展的主要途径。创业企业以新质生产力和新商业模式引领传统产业的升级改造，成为当下整个产业链和价值链转型升级的主要推手。创业服务行业开展升级改造服务，不仅能够快速聚集一批掌握和利用整个产业链关键环节、具备核心技术竞争力的创新创业企业，为产业结构优化升级、质量效益提高注入强大的活力，还可有效开放创新要素流动通道，高效利用资源，通过打造创新商业生态圈，促进新型创新应用落地。

2. 创业服务的创新措施

（1）加强专业化。

创业者本身需要有针对性的指导和支持，而专业队伍恰好能满足这一需求，为了加强对创业者的专业指导服务，明确创业服务的方向和价值，创业服务机构必须组建一支专业的团队，服务人员必须具备丰富的专业知识和素质，从而更好地为创业者提供专业帮助和支持。

（2）突出精准化。

创业服务不能一般化，要有针对性。每位创业者遇到的困难都是不同的，因此，针对每位创业者的具体问题需要制定专属方案，不能是千人一面、无差别的“保姆式服务”。创业服务机构需要从思想上转变观念，因人因时而异提供个性化服务。

（3）推进数字化。

随着数字经济的快速发展，创业迈入平台时代。创业服务机构要顺应数字经济发展趋势，发挥平台作用，促进互联互通，开展深入性服务，拓展创业新渠道，开发新质生产力，打造新业态和场景，促进创业生态持续健康发展。数字化不仅是将创业服务搬到互联网上，而是要利用数据分析和人工智能等新质生产力改进服务质量、提高服务效率，为创业者提供更智能化、更具针对性的服务。

（4）促进生态化。

创业服务行业的发展需要健康的生态为基础，应培养创业文化及基因，引导形成创新创业区域特色和集群，打造创新创业生态系统，为创业者提供一个优质生长的环境，促使创业活动不断深入，释放出强大的潜能。

（5）实现载体化。

创业服务平台要为创业者搭建多样化的创新创业载体，例如建立功能园区，从单纯的产业园区发展成为综合的多功能平台园区，此外，虚拟园区也将通过跨越物理边界的形态为创业者提供更广阔的合作与发展空间。各类载体相互补充，为创业者打造更加丰富、多元的特色服务空间。

四、创业服务平台

1. 创业服务平台的概念

创业服务平台是指为创业主体，尤其是创客、自由创业者、中小微创业企业提供全程综合性服务的机构，包括孵化项目、提供资金、招揽人才、提供场地、配备工具、开展宣传推广等。其不仅是单纯提供资源，更是致力于推动创新创业全过程，引领创业者的工作和生活方式的转变。创业者通过创业服务平台可以获得更多的便利服务和支持，以实现自己的创业梦想。

创业服务平台除了提供创业服务外，还引导新的消费模式。通过互联网开放平台，为大众创业、万众创新的生态链打造开放的生态圈。这种生态链并非单向输出资源，而是双向共赢的生态系统，有助于推进创新和合作的持续发展。

2. 创业服务平台的形式

根据时代特色和线上线下属性的不同，创业服务平台主要有创业服务云平台和众创空间两种形式。

（1）创业服务云平台。

创业服务云平台汇聚了创业相关政策、创业能力测评、创业培训服务、创业场地信息、创业资金对接、创业企业代理服务、创业项目展示、创业活动信息等优质的创业服务资源，通过平台，创业者在创业之路上可以得到更多的帮助和指导，提高创业的成功概率。创业服务云平台提供的多样化服务，具体如图 3-4 所示。

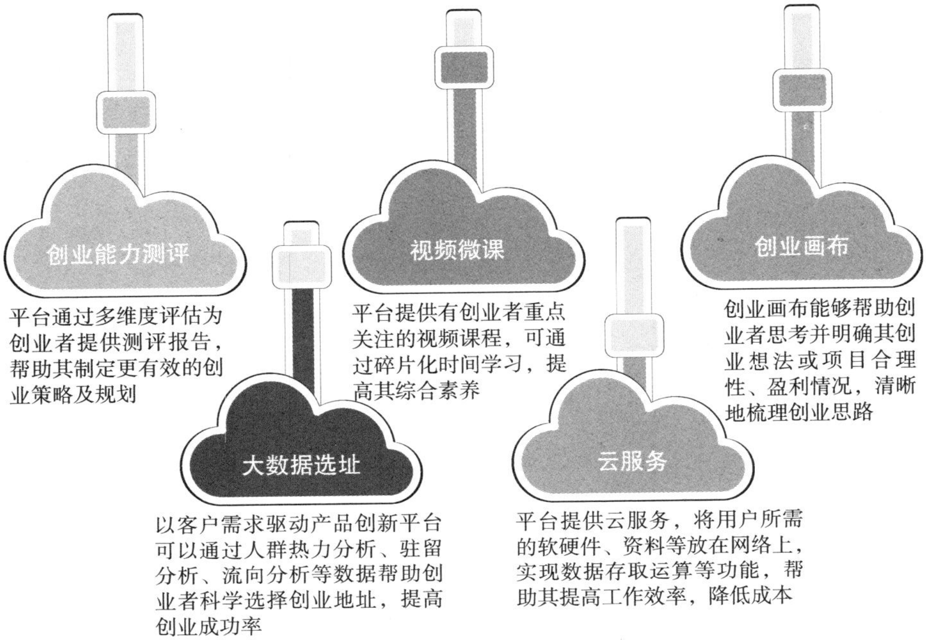

图 3-4　创业服务平台的多样化服务

（2）众创空间。

众创空间是顺应网络时代创新创业特点和需求，通过市场化机制、专业化服务和资本化途径构建的低成本、便利化、全要素、开放式的新型创业服务平台的统称，包括创客空间、创业孵化器和联合办公空间等多种形态，为创业创新提供了协同办公、社交及资源共享空间。

众创空间以专业化服务为中心，主张用户参与、开放协作、群体共创的创新理念，不断分析创新潮流变化，并动态地适配创业活动阶段性需求，构建不断演进的创业服务体系，为创新创业群体突破传统的创新创业框架而探索新的商业模式和技术。

在众创空间平台，创业者除了可以获得物质层面的工作和资源支持外，更多的是得到与其他创业者交流与分享、技术创新与商业合作等机会。这种共享模式促进了创新的融合与跨界合作，为创业者提供了更为广阔的发展空间。

众创空间具有以下五个显著的特点，如图 3-5 所示。

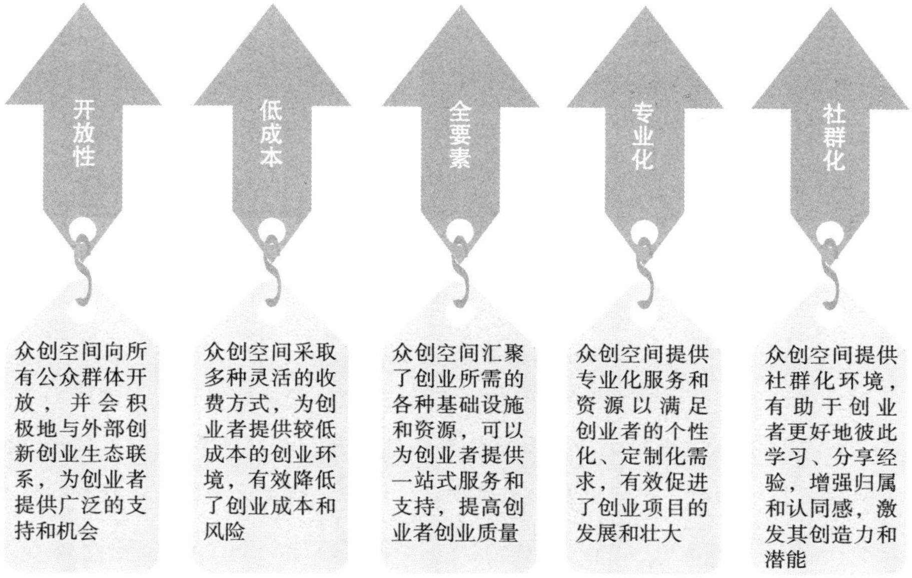

图 3–5　众创空间的五个显著特点

创业基因专栏 3-2

阿里云：平台创业服务提供者

1. 企业介绍

阿里云计算有限公司（以下简称阿里云）成立于 2008 年，是世界领先的技术互联网企业之一。阿里云不仅为全球提供金融、医学、能源等技术服务，还针对中小企业与初创公司提供创业平台服务支持，从提出项目的概念到成型再到销售，帮助创业者降低科技参与门槛，打造便捷有效的商业模式。2024 年，阿里云营业收入达到 371 亿元，展现了其在全球技术创新与企业支持方面的领先地位。

2. 创业服务平台探索

最初，阿里云仅作为阿里巴巴集团电商平台的服务端基础设施，保证交易过程的高效稳定及数据信息的有效备份和保存。随着云计算技术的发展及用户需求的日益多元化，阿里云突破领域限制进行技术革新和商业模式的创新探索，从单纯的云服务提供商转变为面向广大的创业型和中小型企业的创业型企业服务平台，为创业者提供核心技术服务及有效资源，帮助创业者在同质化的市场竞争中实现突围。

（1）从云计算供应商到数字化技术引领者。

由于云计算行业内的市场竞争程度加深以及用户需求的多元化，阿里云从传统的云计算服务商逐渐转变为数字化技术的领跑者，在云计算 AI、大数据、物联网等前沿技术的研发过程中投入大量资源。同时，阿里云积极与各产业伙伴之间构建技术、知识共享网络，广泛推动各产业的数字化转型，提供全面的创业服务，为企业用户提供创新解决方案，帮助其适应市场的变迁，保持发展优势，成为创业者和小微企业数字化转型的重要力量支撑。

（2）拓展全球市场，构建“数字丝绸之路”。

在大数据时代，数据是影响经济社会发展的重要因素，为此，阿里云加大重点地区数据中心的建设投入，加大全球合作的广度和深度，全方位推行云计算服务，为用户提供更加可靠和高效的数字化服务。

同时，作为“一带一路”倡议的积极践行者，阿里云通过拓展全球市场打造“数字丝绸之路”，既是帮助中国企业开拓海外市场，也为全球企业打造了全新的创业服务平台，推动了区域经济合作的数字化进程。通过提供必要的数字化基础设施和技术支持，阿里云助力合作伙伴在全球市场中保持竞争优势，促进数字经济的蓬勃发展。

（3）确保数据安全与隐私保护。

随着云计算技术的普及，数据安全和隐私保护成为企业，特别是创业企业的迫切需求。阿里云高度重视这一需求，全面部署数据隐私保护解决方案，为用户提供全方位的数据隐私保护服务。阿里云数据中心技术世界领先，并具备强悍的网络安全系统，在多重防御、加解密能力方面表现优异。此外，阿里云积极参与制定云计算行业安全标准和规范，为创业平台服务营造安全可靠的运行环境，使创业者可以安心专注于创新和业务扩展，不必过度担忧数据安全问题。

阿里云从技术开放和商业模式探索两个方面发力，持续强化全球影响力，成为数字化技术的领军者。同时，始终坚持提供安全可靠的云服务，着力关注数据安全和隐私保护，为全球用户打造可信任的网络环境。

3. 发展总结

阿里云作为我国最大的云服务提供商，其发展历程充分展现了公司成为数字化技术引领者的蜕变。总的来说，阿里云能够成功的主要原因在于精准感知和适应技术和产业升级转型的趋势，不断推动行业前沿技术创新，并打造创业服务平台，让创业企业乃至大中型企业在全球产业格局中展现核心竞争力。

第四节 创业之“艺”：多维度应用

一、数智商业概述

1. 什么是数智商业

数智商业是数字经济时代基于“数据 + 算力 + 算法”的新型商业形态，其核心是通过数字技术与智能技术的融合，实现商业决策的自动化、全局优化和持续进化。数智商业通过连接、共享和协同机制，推动产品创新、组织变革及新市场创造，形成社会化协作和绿色生态的商业新范式。数智化的应用，不限于大数据和 AI，而是全面深度“嵌入”社会之中，重新定义了商业模式与商业运行规律性特征。

2. 数智商业的演变

商业经历了多轮演变才逐步发展到当下的数智商业，遵循了从信息化到数字化再到数智化的演进路径。第四次科技革命（以 AI、物联网、量子计算等为代表）后，数智化商业逐渐成为当下的主流发展方向，其主要演变过程如下。

信息化奠基阶段（1990—2000 年）。该阶段以计算机与局域网技术为核心，实现业务流程的电子化转换，以解决信息存储与传递效率问题。此阶段的数据管理呈现“孤岛化”特征，企业虽积累了大量业务数据，但分析依赖人工经验，初步构建了数字管理的基础框架。

数字化深化阶段（2000—2010 年）。互联网与移动技术促进了商业系统的在线化与连接升级。企业根据消费者行为数据开展分析，实现了需求的个性化响应；S2B2C（S 即大供货商、B 即渠道商、C 即顾客，意指集合供货商赋能于渠道商并共同服务于顾客）模式、小程序生态等技术架构重构价值链。此阶段的本质是业务数据化——将线下实际行为转化为线上数字，只是数据分析还是以描述性报表、预测性建模等分析为主，最终决策仍然需要人工干预。

数智化融合阶段（2020 年至今）。第四次科技革命推动商业智能迈入智能自主决策系统阶段。此阶段以 AI 大模型、边缘计算、区块链打造“感知 – 认知 – 决策”三位一体技术模式，实现数据自动、全局协同优化，其核心跨越体现为数据价值的重塑、决策方式的转变及应用场景的延伸等。

3. 数智商业的特征

数智化是全球企业实现转型升级的重要路径，数智商业是当下数字经济时代企业发展的新范式，它具有以下六个显著特征，如图 3–6 所示。

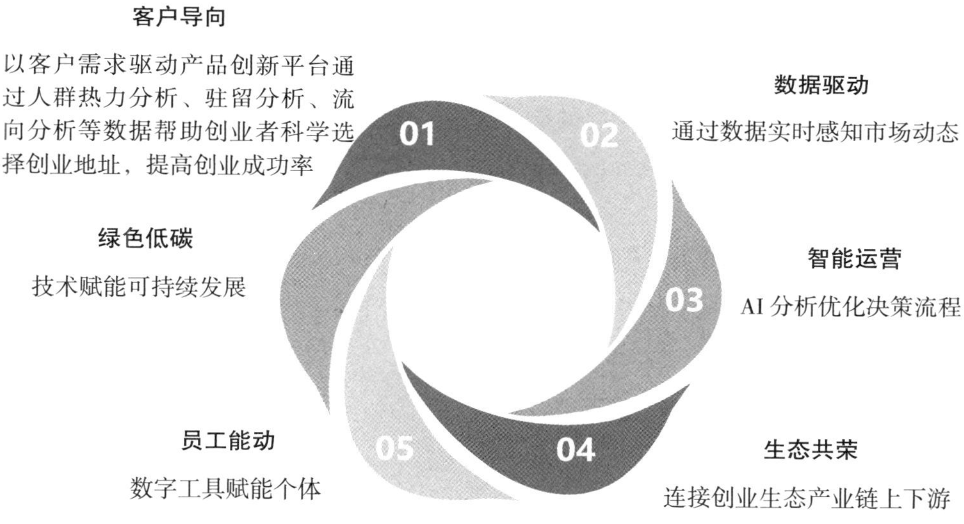

图 3–6 数智商业的六个显著特征

创业基因专栏 3-3

汇川技术：中国制造浪潮中的“计划大师”

1. 企业介绍

深圳市汇川技术股份有限公司（以下简称汇川技术）是我国工业自动化与能源管理领域的龙头企业。自 2003 年成立以来，通过自主研发突破外资技术封锁，现已发展成为国内最大的伺服系统供应商，在新能源汽车电控、工业机器人等领域占据关键地位。凭借自主可控的核心技术，汇川技术为制造业企业提供从智能装备、数字化工厂到工业互联网平台的全栈解决方案，服务覆盖全球 50 多个国家和地区，累计为超百万台工业设备注入“智能基因”。历经 20 多年发展，公司在工业智能化领域的商业战略设计已形成独特的方法论。

2. 商业计划的设计内容

（1）对数智未来的设计。

为了抢占智能制造制高点，汇川技术提出了“硬科技 + 数字孪生”双引擎战略。一方面，汇川技术持续突破伺服、PLC（可编程逻辑控制器）、工业机器人等智能制造核心设备“卡脖子”技术，效率得到有效提升，填补了国内高端制造设备空白。另一方面，汇川工业云平台通过对设备进行 AI 预测性维护，将客户停机率大幅降低，深度融合数字孪生，实现汽车、3C[①] 等领域虚拟调试技术的突破，产线部署周期大幅缩短。面对新能源产业的爆发性增长，汇川技术也进行了提前布局，在风光储氢协同控制系统上取得了突破性成果，光伏逆变器产品出货量市占率居全球前三位，并为客户提供零碳园区智慧能源管理等全方位解决方案，累计赋能 10 余个地区超过 200 个零碳园区建设。

---

① 3C 即计算机（Computer）、通信（Communication）、消费电子（Consumer Electronic）这三类电子产品的统称。

（2）对服务模式的设计。

汇川技术作为一家工业化高科技企业，在服务方面做了多样化的商业设计，创新性提出了“金字塔服务生态”。

第一，顶层定制化。针对半导体、锂电等高端制造领域设计顶层定制化方案，提供“工艺 Know-How①+ 智能装备”交钥匙工程，例如，为宁德时代打造的 4680 电池智造产线实现了 99.8% 的良品率。

第二，中层平台化。针对中层推行平台化服务，主要通过工业 App 商店提供超过 200 个标准化解决方案，客户可像“拼乐高”一样快速搭建智能产线，某家电企业借此 3 个月完成数字化改造。

第三，底层生态化。针对底层推行生态化协同，通过联合 2000 余家生态伙伴构建智能制造服务网络，独创“供应链数字护照”系统，实现从芯片到整机的全链条质量追溯，如助力三一重工将供应链响应速度提升 50%。

（3）对发展路径的设计。

汇川技术对发展路径进行优化，有针对性地制定了“三级火箭”商业计划发展路径设计，旨在加速实现高效运营和持续发展。

第一级，技术穿透。汇川技术每年研发投入占比均超过 12%，在运动控制、电力电子等 22 个技术领域建立专利护城河，实现底层技术突破，成功构建电机驱动、电力电子、运动控制三大平台。

第二级，场景深耕。汇川技术打造行业“灯塔工厂”样本，如在注塑领域推出 iMES（智能制造执行系统），将设备 OEE（综合效率）从 65% 提升至 85%，带动行业智能化升级。针对新能源汽车、光伏、锂电等行业痛点，开发行业专用控制算法库。

第三级，生态跃迁。公司发起成立“智能制造创新联合体”，与华为、中国科学院等共建工业智能开源社区，其自主工业协议 InoPro 已接入设备超 500 万台，构建起中国版“工业安卓”生态。

---

① Know-How 多指从事某行业或者做某项工作所需要的技术诀窍和专业知识。

3. 发展总结

在第四次科技革命中，汇川技术通过敏锐的数智化布局、创新的服务模式设计以及清晰的发展战略路标，一跃成为国产高端智造龙头企业。面对全球产业链重构机遇，汇川技术将持续推进底层技术的研发，实现智能制造自主可控。未来，汇川技术将继续以“装备智能化 + 制造数字化 + 能源低碳化”三位一体战略，继续复制并再创成功的商业模式，实践从“中国替代”到“全球领先”的进化之路。

二、数智商业的组成

数智技术是数字化和智能化的有机融合，可以理解为“数字化 + 智能化”，是在数字化基础上融合应用机器学习、人工智能等智能技术的过程。数智商业的本质是通过数据要素与智能技术的深度融合，重构传统商业价值链。其内容体系可分为三层架构。

1. 技术基础：数据智能与协同网络的融合共生

数智商业的技术基础是由物联网传感器和人工智能算法两个引擎构建的，即以物联网传感器在生产、流通、消费全流程中实时采集的数据为基础，依托人工智能算法对数据进行即时处理和判断。在业务优化中获取的数据越多，人工智能算法越智能，由此形成了智能持续升级的的闭环。

此外，网络协同生态通过整合供应商、物流商、服务商等不同主体，形成网络化的模块化资源调度体系。例如，淘宝网店连接超过 1200 万家供应商和 3000 多家物流服务商，产生“海量的供给适配碎片的需求”的协同模式。网络化的模块化生态使企业从封闭的价值链向开放的价值生态转型，实现资源的动态配置与弹性组合。

2. 场景重构：全价值链的智能化渗透

数智技术已深度重塑商业全环节的运行模式，如图 3–7 所示。

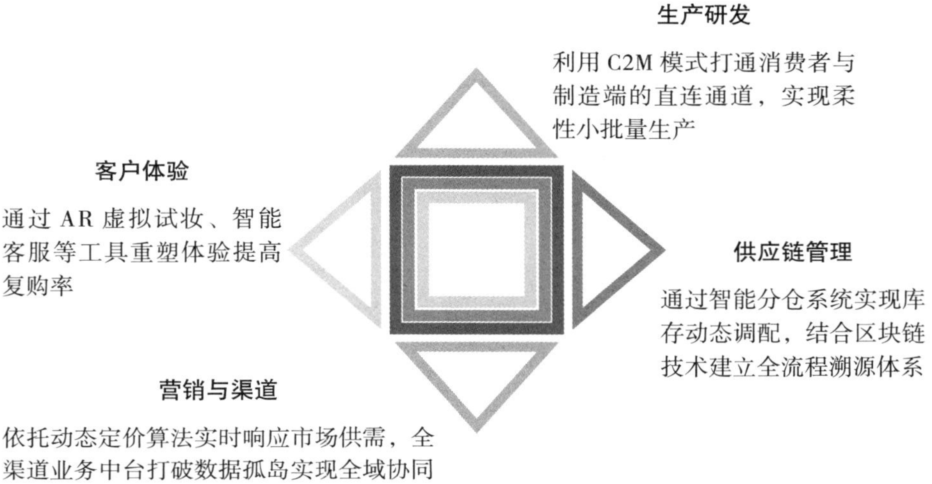

图 3–7　数智技术重塑商业运行模式

3. 价值创造：效率、体验与模式的三维演进

第一，运营效率的质变性提升源于数据驱动的精准决策。数智企业从成本端到仓储端再到物流路径端，通过数据驱动同步达成经济与环境效益优化。

第二，用户体验的生态化跃迁表现为从交易完成向全生命周期关系管理的转型。这种场景化的服务嵌入使品牌价值从产品功能延伸至生活生态。

第三，商业模式的系统性创新重构产业逻辑。如平台化生态——数商云“10 万 +”供应商的协同网络重新定义了分工；跨境 B2B 服务整合多国海关大数据推动中小企业出口额增长 280%。数据资产化进而促进金融创新，使行为图谱和供应链画像成为新型生产要素。

三、数智商业计划书的作用

1. 明确创业目标和方向

在创业过程中，数智商业计划书起着举足轻重的作用，它有助于创业者明确目标和方向，同时为企业数智化升级提供实现路径指导。

第一，定位公司使命愿景。创业者通过思考后在商业计划书中表达使命和愿景，确定创业企业存在的使命和未来的方向。

第二，分析行业市场趋势。创业者从行业市场的层面了解自身所处的市场环境、竞争对手和行业发展趋势，有利于其制定相应的针对性策略。

第三，明确目标用户和市场定位。经过对潜在用户的分析定位后，能够精准捕捉用户的痛点及真实需求，从而实现用户市场的精准定位和营销。

2. 梳理数智商业模式

数智商业计划书清晰地描绘了公司的数智商业模式，包括数智化升级路径，以及企业如何创造价值、传递价值和获取价值的基本原理，直观展示公司的盈利潜力和可持续性。通过详细阐述产品或服务的功能、特点、优势等，使投资人和合作伙伴能够更全面地了解公司的核心竞争力。

3. 制定营销策略和拓展市场

第一，制定营销策略。具体包括产品营销、品牌营销、渠道扩展等方面。通过针对某一方面的有效宣传和营销，企业能够获得更大的市场份额，提升品牌知名度，获得更多的潜在客户，创造更多的销售机会。

第二，拓展市场份额。快速拓展市场主要从两个方面入手，一是在现有市场提高销售量的比例（渗透率），二是进入全新的市场区域。

第三，寻求合作伙伴和资源整合。一方面可以资源共享、优势互补，另一方面可以通过彼此合作带动公司的发展，借助合作伙伴的力量拓展新市场、增加新用户群，共享市场知识与经验，从而提升公司成长的速度。通过资源整合，可以节省公司成本、提升效率，以此提升市场竞争力。

篇末案例

三七互娱：驾驭内容产业新浪潮

1. 企业介绍

三七互娱网络科技集团股份有限公司（以下简称三七互娱）成立于1995年，是一家专注于娱乐产业的综合性公司，业务涵盖游戏、素质教育等，不断向元宇宙、AIGC、影视、动画、音乐、泛娱乐媒体和新消费等相关领域扩张。三七互娱始终坚持追求卓越，致力于文娱业务的可持续发展，在业务开拓的同时聚焦内容创业，不断地创新产品，满足用户多元化的娱乐内容消费需求。

2. 创业发展历程

（1）创业初期建设：聚焦内容产业上下游优质标的。

第一，内容创意。三七互娱从创立之初便开始探索内容产业，并且依托丰富的经验制定实施了有效的战略计划。三七互娱参与投资了AR/VR（虚拟现实）、影视、动漫、音乐等多种类型的内容与应用领域，布局社交以及体育健康等多个应用场景，实现内容生态多样性。

第二，投资扩展与生态建设。三七互娱在内容层面加码布局，从不同内容形态出发，打造了丰富的内容生态类型。公司对外投资加拿大VR内容制造商ArchiAct，为其布局元宇宙行业打下基础。此外，公司在基建设备与关键技术方面同步布局，在光学元件、光学显示、AR眼镜、空间智能、半导体材料等相关技术领域均有所动作。

第三，战略布局与未来发展。人工智能产业是新兴产业，算法、算力、场景应用是相互关系的产业闭环中的三点，环环相扣。三七互娱基于已有内容生态的先发优势，向下延伸覆盖人工智能产业的全产业链。通过建立“AI创意工场”开放平台，汇聚超过10万名开发者，共建开放的技术创新生态。三七互娱积极寻找人工智能发展的新方向，提出的扩张发展、生态建设，有效地巩固了自身的人工智能生态，为后续的拓展发展保驾护航。此外，公司对战略资源的投资布局，包括技术、内容的创新，同时兼顾人才和技术创业的孵化服务，有效地促进了行业进步和繁荣。三七互娱在人工智能领域布局，为元宇宙的长远发展铺路的同时，打下了坚实的基础，构建了可持续发展的优势。

（2）创业成熟期发展：技术创新助力打造沉浸式 UGC 内容生态。

伴随数字内容行业的发展，三七互娱基于丰富的游戏和娱乐产业积累，积极参与内容行业的发展，持续升级投资，深度钻研技术，以应对内容生态对极度发展的技术需求，提供高质量的内容。元宇宙作为虚拟的世界，其发展在很大程度上依赖于技术，尤其是动作捕捉技术及 UGC 生态。三七互娱也将持续研发 AI 算法对动作捕捉技术的介入，力求在更高的层级上满足用户更好的游戏体验需求，不仅覆盖数字人驱动、VR、影视动画等应用场景，也将为 3A 级游戏[①] 的制作开发提供更多的可能性。

三七互娱始终秉持内容生态立根之本，以技术为核心引擎，不断探索，利用人工智能技术在游戏各环节的有效运用，努力在娱乐、社交与智慧城市建设的发展方面创造更多优质的全球数字资产，为用户提供更加丰富的多元服务及体验，并着力探索技术创新与自我突破，在 AI 机遇与挑战并存的大环境下不断给出专属答案。三七互娱不断努力满足人工智能环境下对于高品质技术内容的刚性需求，始终保持创业初期的心态，在中期与后期不断加码技术探索，致力于促进人工智能内容生态的建立与发展。

3. 创意产业的价值

随着信息技术的高速发展，数字娱乐产业迎来了巨大的发展机遇。三七互娱作为该领域的龙头企业，以元宇宙数字技术为推动力，积极探索新的商业模式，发掘创意产业的巨大潜力。

---

① 一般是指一些高成本、高体量、高质量的大型单机角色扮演类或第一人称射击类游戏。

（1）打造技术生产力，聚焦产品创意。

第一，产品创意的有效实践。三七互娱通过“研运结合”，走技术、产品和生态一体化布局道路，证明了数字娱乐产业技术对于生产力的指数级放大能力。公司以雅典娜、波塞冬、阿瑞斯三个数据分析平台为基础，形成了基于玩家行为到市场预估的精准决策体系。同时，加大在数值测试、关卡设计等环节运用 AI 的能力，提高研发效率，留足创意试错空间。

第二，中台业务的核心作用。中台业务是当前内容竞争中领先的游戏厂商必备的核心能力，也是构筑游戏工业化管线的重要能力。公司在自主研发的中台“宙斯”上充分运用信息化手段，贯穿整个游戏研发、运营过程，实现流程自动化、标准化。通过应用“宙斯”，三七互娱发挥出研发资源优势，提升了各部门的沟通效率，使中台化更加充分和高效。在三七互娱的内容产业中，中台业务功能不仅用于游戏环节，也是创意内容发展的重要推手，为管理、资源和创意赋能。

第三，数字技术的生产力转化。三七互娱力图将数字技术转化为生产力的推力。数字技术的应用使其能够用更少的时间成本和更低的生产风险完成游戏开发，并让研发团队将更多的注意力聚焦到内容上。数据分析和 AI 的协同作用为三七互娱带来了切实的成果，成功改变了游戏行业的传统做法，实现了更高效的生产方式，技术的生产力转化也为产业链上下游的合作提供了更多的可能性，推动了共创模式的发展。

（2）拓展优质赛道，探索亮眼场景。

三七互娱以生态级战略卡位打造“游戏 + 科技 + 文化”融合生态，破局单一产业边界的生态战略。公司依托元宇宙定位“元宇宙游戏艺术馆”“非遗广州红”虚拟营地等沉浸式文化场景，创造了元宇宙新社交连接场景及数字藏品、数字人 IP 等数字资产，开启了用户连接再定义

企业通过对算力、光学显示的技术研发，布局搭建“技术 – 产业”协作通道。同时，通过建立内容共建平台串联 IP 和制作者实现生态级创新协作，并在底层技术和应用层面联动推进，进一步夯实产业资源整合，完成从游戏商向数字生态运营商的角色升级。

（3）三七互娱投资之路，开创 Web3.0 领域新格局。

伴随着元宇宙热潮的兴起以及 Web3.0（第三代互联网）生态的爆炸式增长，三七互娱在 Web3.0 领域的海外投资开辟了新的业务版图。当前，全球 Web3.0 生态大幅扩张，应用场景持续丰富，吸引了众多互联网大厂的青睐。三七互娱凭借在海外市场所积累的先发优势和快速的战略反应，在国际化的进程中已经取得不错的成果。

三七互娱不仅投资优质内容，还积极涉足 Web3.0 内容生态的发展。公司率先投资元宇宙 UGC 平台 Yahaha Studio，一方面增强对创作者经济的支持，另一方面推动内容产业的发展。Web3.0 时代来临后，内容产业对实时互动 3D 内容的需求将大幅增长，内容创作模式将从传统的 PGC（专业生产内容）向 UGC 和 AIGC 转移，内容创作的易用性及内容质量将成为推动下一代内容产业的核心载体。

公司通过继续投资元宇宙社交平台 May.Social，深耕 Web3.0 的社交领域，不仅为搭建多元和开放的元宇宙网络提供了支持，还可能成为未来元宇宙的社交核心，促进不同的虚拟世界互联互通，丰富用户的虚拟世界体验。

4. 发展总结

从游戏的开发到发行，再到元宇宙的进一步探究，三七互娱对技术创新的追求始终未变。未来，公司也将持续加大对内容创业研发的投入，在探索新技术、新领域的同时，不断拓展公司的发展空间；持续利用先进技术以及 VR 体验技术，为用户带来更多、更有深度的互动；在新的用户开发下，继续维系公司在业内的竞争优势和高质量发展态势。

本章小结

本章主要讨论了创业基因的相关内容。创业基因的探索与发展，为创业者带来全新的启示，其独特性备受关注。第一节从创业内容的挖掘、特色以及效用三个方面入手，深入剖析了创业的数字化路径；第二节重点聚焦于产品创意的源泉、共创模式的迭代以及生命周期的管理，呈现了新质生产力驱动下的创新实践；第三节详细探讨了创业服务的概况、风险与壁垒、发展趋势以及平台形式，展示了为创业提供核心支撑的数字化服务生态；第四节系统阐释了数智商业的概念和组成，以及数智商业计划书的用途，助力创业者理解数智商业并推进数智升级。

第四章

创业生态：从1到N的裂变

创新创业活动是促进国家经济发展的重要推手，但与此同时，激烈的市场竞争、快速的技术更新、国际经济的不确定性等，也让创业者面临前所未有的复杂挑战，创业生态的建设与完善刻不容缓。

开篇案例

石头科技：创新生态，简化生活

1. 企业介绍

北京石头世纪科技股份有限公司（以下简称石头科技）创立于2014年，是一家专注于智能清洁机器人及其他智能家电的研发与生产的创新企业。公司以技术创新为核心，致力于简化生活，不断在人工智能、软件算法、机械结构设计等领域进行探索。石头科技积极构建和融入全球创业生态，全球渗透率稳步提升，成为扫地机器人行业的强有力竞争者。

2. 行业发展背景

石头科技在创业之初，就摸清了行业发展背景，对企业后续经营有清晰的规划。现代家庭生活节奏加快，居家的清洁工作必需且繁重，因此带动了智能家居清洁装备市场，其中扫地机器人是应用最广泛的家庭清洁设备之一。同时，互联网技术的兴起推动人们的消费观念朝着智能化的方向转变，为智能家电市场的发展营造了广阔的沃土。石头科技立足技术创新发展的潮流，其产品结合强大的清洁性能及智能化功能，迅速获得市场的认可。

随着人工智能、激光技术和视觉识别技术的快速发展，石头科技在扫地机器人上不断研发新功能，提升用户体验。技术在产品中的应用，让石头科技的产品在一二线城市广受青睐，并且随着居民购买力和产品性价比的提升，日益向三四线城市拓展。由此可见，石头科技不仅在产品上持续创新，还在市场布局上具有敏锐性与前瞻性。

3. 石头科技加入小米生态链的深远影响

石头科技成立之初，由于过硬的业务以及突出的技术优势得到市场的肯定，短时间内，小米便发现石头科技具有投资价值，将其纳入小米生态链，这对于石头科技的迅速崛起意义非凡。作为生态链的成员之一，石头科技在品牌建设、资本支持以及供应链和渠道扩展等方面得到了显著的加强。

（1）品牌效应的提升。

小米的品牌价值以及高性价比的口碑效应，为石头科技产品销量奠定了坚实的用户基础。2016 年，石头科技首款产品米家扫地机器人面世，借力米家品牌，延续小米产品性价比优势，爆火售罄。2019 年，米家手持无线吸尘器上市后也受到消费者热烈欢迎。米家系列产品的上市，稳固了石头科技扫地机器人市场的优势地位。

（2）资本支持的深化。

石头科技在创业初期便获得了资本的大力支持。2014 年成立之时，小米便入股成为其股东之一。2015 年 3 月的再次增资中，由小米控制的天津金米参与投资，随后顺为资本、蓝湖资本等一批知名投资机构也跟进投资。通过小米系资本的参与，石头科技解决了资金上的燃眉之急，企业的治理架构也变得井然有序，决策执行上直观明了，公司可以将精力完全用于技术研发和市场开拓。

（3）供应链与销售渠道的优化。

在供应链管理上，石头科技借助小米生态链的资源整合能力，把优质的供应商吸引过来，极大地改善了石头科技的生产供应链系统。在销售渠道方面，石头科技的产品借助小米渠道进行售卖，小米庞大的客户资源和流量优势，以及成熟的供应链和销售渠道大幅降低了石头科技的营销成本，加快了市场占领速度。

石头科技通过加入小米生态链，不仅提升了品牌影响力，强化了资本和供应链支持，还实现了销售渠道的快速扩张。这一系列的战略举措使得石头科技迅速在竞争激烈的扫地机器人市场中崭露头角，并发展为行业的领军企业。加入小米生态链的成功经验，展示了通过创业生态的构建与优化，可以助力创业企业在短时间内实现质的飞跃。

4. 专注核心技术研发

石头科技聚集了一批出身于世界知名科技企业的高精尖科技人才，公司自创立之初就扎根技术创新。公司运营采用轻资产模式不自建生产制造基地，将资源集中在科技研发端，通过不断的研发投入和高学历人才引入，公司拥有了大量的专利成果，获得中国优秀工业设计奖等奖项。石头科技深度钻研激光雷达导航技术和人工智能导航算法，并率先将其搭载在米家扫地机器人上，打破扫地机器人单方向扫地、机械碰撞避障的传统模式，开启了扫地机器人全局规划的智能化新时代，带动扫地机器人行业实现突破性进展。

在产品策略上，石头科技依靠强大的技术研发能力，推出适合不同消费需求的产品。首先，公司利用小米的品牌知名度推出中端产品米家系列，以高性价比迅速获得到市场的认可，为石头科技赢得了口碑及知名度。其次，推出高端品牌“石头”，其产品采用先进的激光导航技术，售价偏高。同时推出低端品牌“小瓦”，其产品具有随机式清扫功能，售价亲民。除了扫地机器人以外，石头科技还拓展业务，推出手持吸尘器、商用地面扫地机器人等，扩大市场覆盖范围。

石头科技的成功不仅表现在产品的研发上，还在于对创业生态的灵活利用、对治理理论的实践，构成了独特的竞争优势。石头科技不断加快技术研发，以技术驱动创业，凭借对市场需求的迅速反应推动技术和产品创新，为未来的增长奠定了重要基础。

5. 发展总结

作为小米生态链的一员，石头科技在小米的扶持下实现知名度提升、资本持续注入，拥有了成熟的供应链系统。公司不仅持续加码产品研发，更从产品和渠道上为公司的发展营造了完善的创业生态圈。在未来智能家居市场不断扩大的情况下，石头科技依托于自身的优势技术，发展前景可期。

第一节　投资之“眸”：聚焦要点

一、投资标准分析：放宽投资眼界

1. 投资人眼中的投资标准

在投资过程中，投资人会重点关注以下五个主要的投资标准。

（1）商业模式。

商业模式直接影响企业的盈利持续性和增长曲线。投资人投资创业企业时，首先会审查其商业模式能否持续盈利，是否具备成长空间。商业模式的核心价值在于设计，要让所有利益相关者实现共赢。对创业企业而言，要想创建具有核心竞争力的企业，就需要充分理解并设计好商业模式，让所有利益相关者共享此模式带来的红利。优质的商业模式不仅能创造商业利润，还能为社会创造价值，实现可持续经营。所以，应当在数智商业计划书中对商业模式进行合理规划，以符合投资人要求。

（2）核心竞争力。

核心竞争力是创业企业的有效壁垒。投资人更青睐于坚持创新开发新产品、开辟新市场的创业企业。这并非要求创业企业一定要找到全新的领域，而是在现有市场中找到尚有发挥空间的地方。创业企业需要聚焦所在领域，时刻关注产品的市场竞争力，确保在市场中脱颖而出。

（3）行业体量。

行业的体量至关重要，投资者往往对市场规模超过千亿元的行业青睐有加。这类市场容量更大、前景更好，投资人会更加注重市场规模以及行业增长潜力，以及创业企业能否在该市场中占据一席之地。

（4）发展可持续性。

投资人偏好投资于能持续发展的行业，因为稳定发展的行业能保证持续扩大资本，从而使收益逐步增长。虽然工程类企业利润高，但是业务的可拓展性有限，难以复制，无法可持续发展。投资人的视野会越来越注重选择能够长期发展稳定的创业企业，这也给了投资人很多选择的机会。从投资角度来看，可持续性发展已成为现在商业世界的主要趋势之一。

（5）创业者的领导力。

投资人期望找到对市场变化、用户需求具备高度敏感性，且拥有强大学习能力、沟通能力的创业者，这是所有投资人心中的“理想型”。因此，创业企业在融资时需要向投资人展示自己这方面的优势。

2. 吸引投资的四大角度

创业企业需要积极探索从不同角度吸引投资，以增进创业生态的深度与广度，如图 4-1 所示。

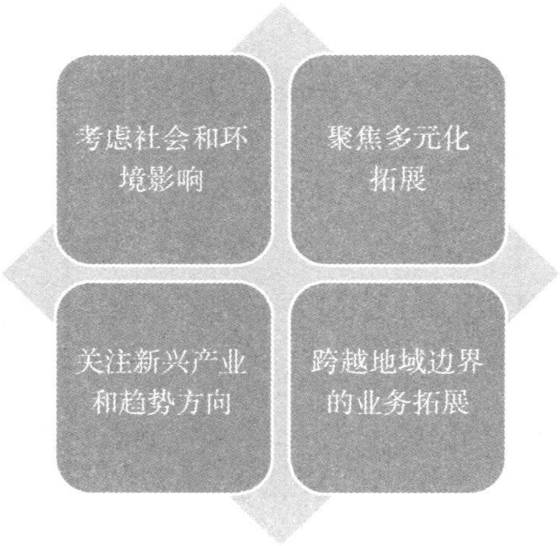

图 4-1　吸引投资的四大角度

（1）聚焦多元化拓展。

多元化拓展是分散风险的有效方法。作为一个创业企业，将业务拓展到不同的资产类别、行业和地区可以降低对单一市场或技术的依赖。因为不同资产类别、行业和地区的经济表现往往存在差异，某一领域的低迷可能被其他领域的增长所弥补。

（2）跨越地域边界的业务拓展。

我国创业企业深受传统文化的影响，这为全球市场提供了丰富的创新灵感。无论是传统的中医、茶艺，还是儒家的管理哲学，都能在国际市场中获得独特的竞争优势。在全球扩展业务时，利用这种文化底蕴不仅能迅速吸引国际消费者，还能提供独特的品牌体验。创业企业需要迅速适应不同的市场环境，精准把握消费需求，通过高效的运营管理实现商业价值最大化，并与全球伙伴建立广泛的经贸关系。

（3）关注新兴产业和趋势方向。

作为一家创业企业，需要特别关注新兴产业的发展趋势：一是人工智能产业，预计在未来几年将迎来爆炸式增长；二是新能源产业，这一领域也将迎来快速发展；三是智慧城市产业，这是未来城市发展的新趋势。

同时，创业企业还应该明确未来发展的趋势方向，做到有备无患：一是智能化，目前无人驾驶、智能制造、智慧医疗等领域已经成为智能化发展的重点；二是绿色化，近年来太阳能、风能、地热能等可再生能源的利用已经成为新兴产业发展的重要方向之一；三是数字化，它将为新兴产业的营销、服务、管理等方面带来持续的创新。

（4）考虑社会和环境影响。

在发展过程中，创业企业应该高度重视社会环境因素，包括政策稳定性、法律法规和新质生产力发展等方面，这些因素都会以不同的方式影响创业企业的业务选择。政治环境的稳定程度将直接影响创业企业业务的可行性和成本，创业企业必须遵守相关法律法规，确保业务在全球范围内平稳、合法地运营。

二、行业前景评估：把握投资热点

1. 投资热点的含义

投资热点指的是引发当下消费者广泛关注和热议的特定领域或主题。这些热点可能源自消费者需求的变化、新兴行业的兴起、科技创新的突破等各个方面。投资热点的特征主要表现为：一是周期性，投资热点呈现周期性变化的趋势特征，是时间与空间因素综合形成的结果，随着时间的推进，投资热点可以周期性变化；二是波动性，投资热点的热度会呈现波动性，要求投资人把握好每一次热度；三是不稳定性，投资热点可能受到外部环境、政策等因素影响，呈现不稳定的态势。

把握投资热点有两个方面的好处，一方面，有利于创业企业从激烈的竞争市场脱颖而出，快速获得投资人重视；另一方面，投资热点蕴含巨大的商业机会，创业企业如果能提前布局，将会获得更多的市场份额和商业机会。

另外，投资热点作为社会经济发展风向标，也是消费者需求、产业转型升级深层次的反映。对于投资创业类企业，需要科学认识投资热点背后所属行业的前景、新质生产力创新以及政策动因，以便其做出合理的投资选择，有效规避风险，获得更大的利润回报。

2. 当前环境下的投资热点

当前环境下存在多元化多领域的投资热点，如图 4–2 所示。

图 4–2　五大投资热点

创业企业在选择发展赛道时，需审慎考虑行业的发展趋势、风险因素以及自身的发展优势，实现长期稳健的业务增值。

3. 把握投资热点的关键

（1）全面洞察市场。

创业企业通过大量的行业调查和市场调研，充分了解目标市场的需求、需求趋势以及未来发展方向，有助于准确把握投资热点和商机。

（2）聚焦行业领军企业。

创业企业必须重点关注所在行业的领军企业，这些企业的发展动向及战略选择是对整个行业趋势的引领和示范，通过分析这些企业的发展策略和运营模式，能够更好地定位自身在市场中的发展趋势。

（3）积极追踪新兴技术。

创业企业持续关注前沿技术，更新对新质生产力的认知，是获取投资热点的重要手段。

（4）敏锐捕捉消费者需求变化。

消费者需求的变动是投资热点产生的重要原因。创业企业需要运用多种方式，如与消费者面对面交流、反复进行市场调研以及观察和分析消费者的消费行为，以掌握消费者需求的变动状况，并及时调整经营和发展的目标方向，在此基础上才能紧跟消费者需求，在激烈的市场竞争中占据有利地位。

创业生态专栏 4-1

拓普集团：驱动汽车智造和机器人创新

1. 企业介绍

宁波拓普集团股份有限公司（以下简称拓普集团）是中国领先的汽车智能底

盘系统供应商，业务涵盖智能驾驶系统、轻量化车身、热管理系统及机器人核心部件四大板块。作为特斯拉、蔚来等众多新能源车企的核心供应商，拓普集团用“底盘＋电子”双轮驱动全球30多家主机厂实现智能化，累计贡献智能底盘产品1亿多套。公司自主研发的伺服电机、谐波减速器等产品广泛应用于全球顶尖机器人，致力于成为智能出行和智能制造双重赛道的引领者。

2. 清晰把握投资热点

（1）汽车智能化热点。

拓普集团依托底盘技术基础，率先完成从传统底盘系统向智能底盘系统的转型。其推出的智能制动系统（IBS）可实现150毫秒内制动，比当前的特斯拉制动快20%；电子转向系统（EPS）的设计符合L4级别自动驾驶要求。此外，公司在热管理系统方面创新提出基于热泵的集成热管理系统，使电动车的冬季续航能力提升30%，目前产品已经应用于多款爆款车型。

拓普集团提供自动驾驶方案，通过整合毫米波雷达、摄像头和域控制器，成功实现360度全方位环境感知。该智能驾驶域控平台与比亚迪合作打造的代客泊车平台，在上海车展获得极高的关注度。同时，为了加速智能化布局，公司投入50亿元在杭州湾建立智能工厂，依托AI质量检测和数字技术，减少约60%的生产线调试时间。

（2）机器人技术热点。

拓普集团创新推动汽车部件和机器人技术的有机融合，打造机器人核心部件。例如，将汽车领域的永磁伺服电机、无框电机技术迁移至机器人关节模组，实现多个部件的集成化设计，大幅降低研发成本。公司自研谐波减速器精度达30弧秒，寿命超过2万小时，性能比肩日本哈默纳科；自主研发的力矩电机的功率密度达到8千瓦／千克，打破波士顿动力机器人关节技术垄断。

在服务型机器人领域，为科沃斯开发的扫地机器人驱动模组，使扫地机器人效果显著提升，市场占有率超过35%。

其子公司推出的“灵犀”六轴协作机器人，采用公司开发的力控算法，实现0.02毫米精度的芯片插装操作，已经进入富士康苹果手机产线，替代了30%的劳动力。

在医疗机器人方面，公司和瑞金医院开发的骨科手术机器人，达到了0.1毫米级的定位精度，已获取国家三类医疗器械注册证。

3. 发展总结

在汽车产业数智化升级中，拓普集团依托智能底盘系统重新构造产业价值，同时以机器人技术开辟公司第二增长路径。随着人形机器人的市场扩张以及国家的政策扶持，将有力推动其在该产业的快速发展。把握国际产业链重构机遇，拓普集团将持续加码硬件和算法的协同创新，构建从智能汽车到智慧工厂的闭环生态，为制造产业的转型升级贡献中国力量。

三、团队素质考察：判断团队能力

1. 打造符合投资人标准的团队素质

投资人考察创业团队时，会重点关注创业团队的综合素质，因此，创业企业需要打造符合投资人标准的团队素质。

（1）良好的沟通和协作。

第一，拓宽积极的共享机制。信息的有效及时共享可以以多种交流方式来完成，包括面对面的会议、电子邮件、内部通信软件等。创业团队成员需要明确各自的任务进度，促进协同，同时共享资源和知识，实现团队综合素质的进一步提高。

第二，打造坚实的沟通基础。创业者要认真倾听他人的想法和观点，不主观排斥其他言论，在阐述自己的想法时注意用语平和、清晰，避免主观和对抗的语句表达，同时要重视他人的看法和贡献，对于创业团队成员的每一种意见都应予以重视。

第三，建立良好的沟通渠道。创业团队可以定时召开会议，借助内部通信软件建立交流群和反馈通道，让团队成员能够随时发表意见建议，及时获得反馈和解答。

第四，明确合理的责任分工。创业团队还需要有明确的角色定位和责任分工，培养团队合作意识，建立正向的沟通氛围，并定期检查和修正创业团队的沟通和协作机制。

（2）高效的运作和创新。

第一，塑造积极的创业团队文化。优秀的团队文化能够促进团队之间的合作和尊重，促进沟通交流的开展，提升创业团队的开放性。可以通过团建、团队培训等活动提高团队的沟通水平，增强创业团队创新能力。

第二，激发成员的参与度和主动性。创业团队管理层应让团队成员参与决策，为成员提供更多的自主权，并建立奖励机制，鼓励员工提出创新想法。

第三，注重创业团队的多样性。创业团队要吸引各种背景、具有不同技能和丰富经验的成员加入，并鼓励他们交换知识和经验。通过团队成员的多样化，让每个人都可以从不同的视角思考问题并找到更好的解决方案。

第四，为创业团队成员提供培训和发展机会。创业团队可以不间断地举办专项培训及组织团建活动，加强团队成员的专业素质及协作能力。

2. 培养投资人认可的团队能力

创业企业若想得到投资人的认可，就必须在创业团队的能力培养上下足功夫，以契合投资人的能力要求。

第一，创业团队需要具备凝聚力，成员应将团队利益置于个人利益之上，并愿意牺牲短期利益换取长期成功。

第二，成员应与创业团队共同成长，对团队的长期经营保持信心，愿意面对挑战并做到不放弃。

第三，创业团队应致力于发掘自身价值，认识到团队增值是成员共享利益的前提，根据成员的贡献确定标准，避免平均主义导致不公平现象。

第四，建立公平弹性的利益分配机制，奖励有显著贡献的成员。此外，能力搭配完美也是关键之一，团队成员间的能力互补能够强化合作。

第五，激发合作激情，团队成员需要对项目充满热情并做好长时间工作的准备。

3. 考察创业团队能力的方法

创业企业在编写数智商业计划书时，需要围绕数智化主体来全面展示团队、产品和市场的核心能力，进而向投资人展示企业的价值和潜力。以下是针对这三个方面的详细考察方法。

第一，团队架构竞争力评估。数智商业计划书需立体呈现成员能力矩阵与协作效能，通过同业人力资本配置对标，诊断团队能力缺口，明确组织能力进化路径。

第二，产品价值体系解构。数智商业计划书中必须系统披露“技术－生产－流通”全价值链要素，结合竞合关系网络分析，明确产品在产业生态中的战略价值坐标。

第三，对市场进行全面分析。数智商业计划书应基于竞争图谱与机会窗口的辩证分析，构建包含风险预警与增长瓶颈突破的双维决策模型，完成战略主动权构建。

四、风险管理控制：保障投资回报

1. 风险控制的流程

为有效控制创业企业在接受投资时的风险，数智商业计划中应包含以下四个关键流程，如图 4–3 所示。

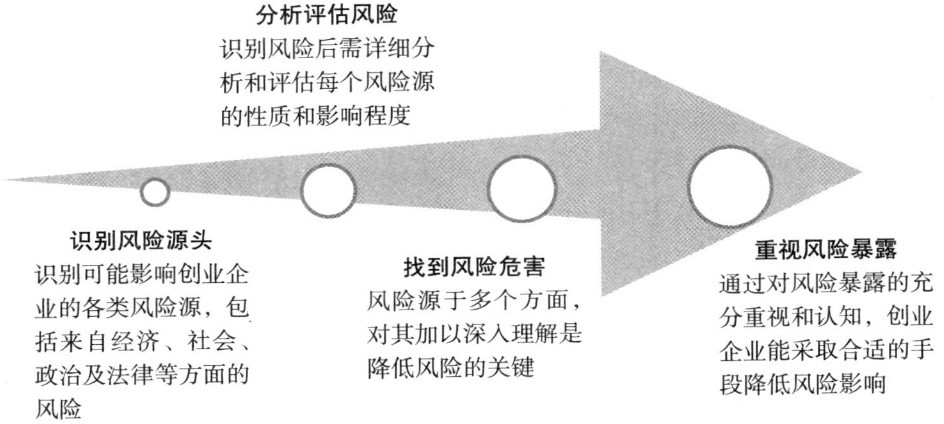

图 4–3 风险控制的四个流程

2. 应对风险的有效策略

在投资活动中，创业企业作为被投资方，需要采取有效的策略应对风险，增强投资人的信任和支持。

（1）建立良好的联系。

创业企业应该与投资者、合作团队建立良好的关系，了解其业务目标以及需求，这有助于将风险管理工作融入日常流程中，并保证获得各方给予相关的支持和帮助。

（2）制定职业道德标准。

创业企业应制定明确的职业道德标准，确保这些标准与国家法律、企业章程以及核心业务管理理念保持一致，从而使企业保持稳健发展，避免管理层失范带来的风险。

（3）强化内部控制。

首先，创业企业可以通过业务流程梳理与风险解决措施，发现并评估潜在风险。其次，通过施行全面管理措施、设置内部控制权限岗位与报告制度、审计监督制度，加强创业企业对风险的识别与处理，达到保护公司权益的目的。

（4）倡导风险管理文化。

创业企业需要在公司内部大力营造全员风险管理文化氛围，提高员工风险认知意识和风险管理能力。可以通过定期开展风险管理培训、内部组织风险管理经验交流学习等方式强化全员风险意识，将风险管理文化内嵌于创业企业的制度文化之中，明确风险管理要求和内容，将潜在风险的影响降到最低。

（5）拓宽资金来源。

采用风险分散策略，即企业在寻求投资时，应当寻求不同行业和地域的投资人，这样即使某一个行业的市场遭遇下滑，也可以通过其他行业的稳定资金维持运营和发展。同时，多元化的资金来源也可以增强创业企业面对市场波动时的抗风险和抗压能力。

（6）注意合法性和合规性。

创业企业获得投资时必须保证所有的交易活动合法合规，包括仔细审核投资的合同或协议，确认条款不影响公司的运营，也包括了解并遵守所有相关业务领域的法律法规，避免未来发生法律和财务风险。

第二节　投资之“舞”：以智致远

一、投资决策流程注重完整性

1. 投资决策的特征

在投资领域，做出明智的决策至关重要，而在此之前，有必要了解投资决策都有哪些比较明显的特征。

（1）针对性。

投资项目具有针对性，需要明确目标定位。创业企业需要了解并尽可能满足投资人的目标需求，这有利于在融资过程中展现与投资人特定需求及预期目标的匹配性，提升融资的成功率。

（2）现实性。

投资决策是投资行动的前提，创业企业必须构建基于现实的商业模型并提供较为详细的财务预测，以便于投资人对其可行性做出正确考量。

（3）择优性。

择优性是指可供投资人选择的最优质的投资方案。创业企业针对投资人进行路演时，应该多提供几个方案或发展路径，展现对不同市场环境的适应性，方便投资者根据自身的投资偏好和收益预期从中选择。

（4）风险性。

投资人一般都会在投资决策时就预判可能在未来遭遇的风险。创业企业必须制定相应的风险管理体系，包括识别风险、量化风险，向投资人讲清楚可能发生的风险和风险防范策略，在沟通和交流中建立信任。

2. 影响投资决策的因素

投资人需深入分析宏观政策、经济周期以及产业发展转型这三大影响投资决策的因素。

（1）宏观政策的变化。

创业企业在数智商业计划书中要体现对当下和未来可能发生的宏观经济政策变化的预判能力。预测政策的变化和制定的相应策略能够向投资人展示创业者在复杂环境中的应变能力和积极谋划的预见能力，从而降低不确定性带来的风险，增强投资人的信心。

（2）经济周期的影响。

创业企业在经济扩张期，可能会谋求通过扩张来求得发展，以获取市场机会，需要较多的现金储备以应对良好的宏观经济形势；在经济收缩期，则可能聚焦内部管控、关注现金流量管理，以保证公司即使在面临恶劣的经济环境也能够存活并谋求长期发展。这些都能够体现创业企业的市场敏感性。

（3）产业发展的转型。

对于处在高速变化行业中的创业企业，如电子商务或高科技企业，在数智商业计划书中应详细说明行业数智化转型方向，即通过运用新质生产力更新产品或服务、优化供应链管理以及增强客户体验等。通过展现创业企业创新适应行业发展趋势以及应对行业变化的能力，不仅能提高其在投资人中的地位，而且便于吸引对这类市场有兴趣的特定投资人。

3. 投资决策的意义

第一，投资决策的意义体现在资本的巨额运用上，直接影响财务状况以及后续的发展。因此，对于创业企业而言，合理地进行资金配置，可以夯实企业的财务结构，为以后的发展奠定良好基础。

第二，投资决策的意义在于对未来现金流的影响，尤其是在后期的经营中，可能需要较长的时间才能收回资金。不确定性是投资决策无法避免的，市场、竞争环境的变化等因素都有可能导致投资决策产生偏差。创业企业应该根据实际情况，不断对市场和经营方法进行调整和更新，使其适应市场的变化，减少不确定性带来的风险。

第三，投资决策一旦做出便不能撤回或修正，因为可能需要承担大量的成本与损失。投资决策直接关系到投资人实现战略目标的能力，投资人必须充分论证与分析投资决策，并在平衡风险和投资回报两者关系的前提下，尽量实现投资回报的最大化以创造长期价值。创业企业需要与投资人密切沟通，取得投资人的支持与理解，让投资决策更利于自身的长期战略目标达成。

4. 如何打造投资决策流程

打造投资决策流程，主要分为以下六个步骤，如图 4–4 所示。

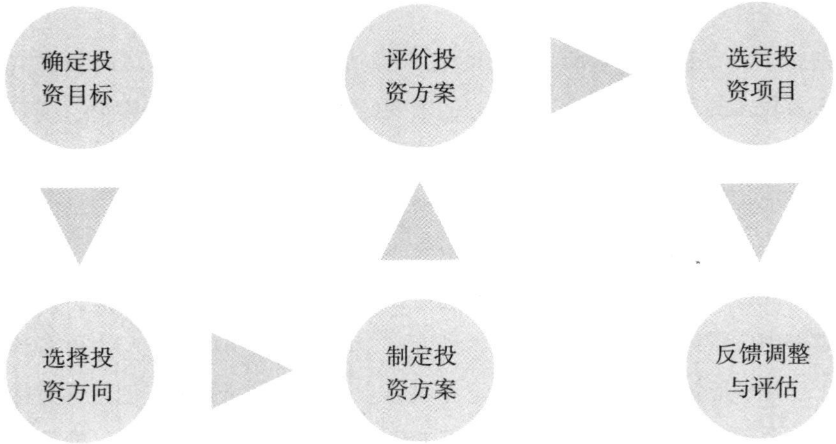

图 4–4　打造投资决策流程的六个步骤

（1）确定投资目标。

在投资决策中，投资人必须明确投资的原因，确定关键的投资领域，评估创业企业的条件和可利用资源，以及了解当前市场状况。健全的投资决策建立在实证证据和数据分析的基础上，而不是随意判断。

（2）选择投资方向。

投资人在确定投资目标之后，还需要确定投资方向，这对投资人今后的发展具有较大影响。投资人要按照自身的投资目标综合分析具体的投资方向，主要包括不同行业的选择、市场趋势、潜在危险等，通过分析和思考，制定比较完善的投资策略，以此提升投资决策的正确性和效率。

（3）制定投资方案。

一般是两个或两个以上的方案方便比较和分析。投资人在制定方案时应考虑投资的期限、预判收益、投资风险等问题，方案需明确投资对象、资金分配和预期回报，还应考虑到市场的不确定性和市场竞争等情况。

（4）评价投资方案。

投资人要时刻注意保持清醒的投资心态，切勿放任投机主义情绪或赌博心态出现，一切应该建立在现状基础上，顾及被投资的创业企业利益和长远发展，谨防贪图一时小利而忽视长远投资失败的风险。

（5）选定投资项目。

狭义的投资决策就是选择合适的创业项目进行投资。在此过程中需要确定投资项目责任人，对项目投资进行有效管理，以保证创业项目的顺利进行。

（6）反馈调整与评估。

反馈调整是一个持续的过程，投资人要对市场情况、数字技术发展情况、竞争关系等变化实时关注，并及时更改投资计划、策略等。同时，在评估的过程中，也会发现创业企业运作过程中存在的缺陷和不足，给后续的投资行动增加借鉴经验。

创业生态专栏 4-2

优必选：人形机器人全产业链布局者

1. 企业介绍

深圳市优必选科技股份有限公司（以下简称优必选）创立于2012年，是一家致力于研发、生产及应用人工智能和人形机器人的科技创新企业。公司以伺服驱动器、运动控制算法等核心技术起家，逐步拓展至教育、商业服务、工业制造等多场景应用。2024年，优必选人形机器人Walker系列在国际消费电子展上引发全球关注，同年入选摩根士丹利“全球人形机器人百强企业”，列入集成商环节核心企业。2025年，优必选联合华为、比亚迪等企业推进人形机器人在智能制造与医疗领域的商业化落地，进一步巩固其行业领先地位。

2. 优必选的投资生态

（1）硬件核心部件投资。

优必选通过研发核心零部件如伺服电机和减速器，最先克服了人形机器人在动作控制上的难关。在行业的竞争压力下，公司开始通过战略投资整合供应链，如对绿的谐波、柯力传感的投资等，加强执行器、传感器等核心零部件的把控。这不仅是为克服外部市场变化带来的不确定性，也是积极地扩充产品矩阵，提升企业的竞争力，更是缩减生产成本，利用技术上的合作提升人形机器人的运动准确度和可靠性。例如，优必选和双环传动通过技术合作研发出的谐波减速器已应用在WalkerX型号上，人形机器人关节的扭矩密度提升30%。

（2）AI算法生态投资。

优必选基于自主研发的机器人操作系统ROSA搭建“AI大模型＋机器人”的开放平台，并与多家企业合作或引入投资。如与华为联合研发具身智能模型，提升机器人的环境感知和决策能力；入股月之暗面，利用其长文本处理技术模型提高机器人交互能力。

3. 从人形机器人向多场景加速渗透

2024年，优必选宣布进入工业机器人领域，与天奇股份共建工业级人形机器人，用于新能源汽车生产线上的安装与检验。该布局延续了其“核心部件＋场景落地”的战略逻辑：通过投资汉森机器人优化人机交互设计，联合鸿海精密提升量产能力。在医疗领域，优必选投资六维力传感器企业凌云股份，推动机器人辅助手术系统的精准化。

从优必选的跨界投资案例可以看到其对技术潮流的把握。随着AI大模型和硬件的成本降价，人形机器人的发展路径已经从科研迈向产业化应用阶段。公司全链式覆盖投资算法、硬件和场景整链，投资模式接近于特斯拉Optimus的垂直整合路径，如与其他企业合作接入 Isaac 机器人开发平台，加快运动控制算法迭代；利用国内供应链优势将单台成本降至 50 万元以内，实现商业化落地。重要硬件投资是优必选在市场竞争格局加剧后做出的核心决策，通过自研及与硬件核心部件厂商合作的方式，不但丰富了优必选的产品线，而且显著降低了自身风险，确立了优必选在全球人形机器人市场的竞争优势。

4. 发展总结

优必选不单布局 AI、算法、芯片等底层核心技术，也投资安防、教育、金融、医疗等众多细分产业业务生态，同时投资上游核心技术研发公司，以产业反哺技术升级。未来我国的人形机器人市场空间巨大，作为产业龙头并积极布局全产业链的优必选有望占据 20% 左右的市场份额。随着相关政策的陆续出台及产业发展，优必选将会成为全球人形机器人产业的核心参与者。

二、资本运作策略突出灵活性

1. 资本运作策略的分类

资本运作策略可以分为以下两类。

（1）发展型资本运作策略。

一是集中发展型资本运作策略。创业企业集中力量加速现有产品或服务的销售和市场占有量，追求迅猛的发展速度。此模式能够降低投资风险，满足快速成长的战略需求，但面临较大的市场风险，特别是在外部环境出现大幅变动时。

二是纵向一体化资本运作策略。创业企业能够通过上下游的整合，保持生产成本和质量的优势，为企业的市场竞争助力，稳固销售渠道和采购渠道。

三是横向一体化资本运作策略。创业企业可以通过并购或与同行业的企业合作，实现规模经济和共享市场经验，提升行业集中度和市场控制力，但同时也增加了管理和融合的复杂性。

四是复合多样化资本运作策略。创业企业可以通过重组、上市、发行债券等方式运作资本，以此来进行风险的分担和寻找新的商业机会，从而提升创业企业资金的稳固性和市场的灵活性，但是需要做到对投资风险的有效控制。

（2）稳定型资本运作策略。

追求稳定的经济增长和资本经营，在保持增长率和经济目标一致的情况下，创业企业会稳定其市场地位，并降低进入新市场的风险。创业企业的发展选择多以传统、稳定的市场和行业为主，会吸引到一些追求稳定回报的投资资本，但也可能会因此错过一些高回报的机会。

2. 资本运作的规则

从创业企业的角度来讲，熟悉并利用好资本运作规则是企业快速成长和掌握竞争制高点的关键。

第一，资本运作必须紧密结合创业企业的核心能力。对于创业企业来说，核心能力通常包括对新质生产力、独特业务模式或特有市场定位的把握，这些优势是创业企业在激烈的市场竞争中存活和发展的基石。

第二，经济实力与品牌建设的结合对创业企业尤为重要。创业企业可以通过资本的方式进行品牌合作或者借助资本市场运作宣传品牌，提升投资方、消费者信心，将品牌的市场价值转换为企业资本，同时提升品牌的市场影响力和知名度。

第三，创业企业资本运作要实现低成本扩张。创业企业由于资源相对稀缺，因此需要精细管理资本使用，每一分投资都争取更高的回报率。创业企业可以通过改良生产流程、减少耗费和提高效率，保持竞争优势，实现资本有效增值。

第四，内部管理与外部规模经济的结合对于创业企业的长期发展至关重要。创业企业需要建立健全内部治理体系，做出的决议要清晰透明，便于内部人员理解，并且能够较好地落实执行。同时，应该通过与外部企业的合作发展或借助企业并购整合更多的资源，充分利用规模经济优势，压缩成本并提高竞争力。

三、投资后期管理保持稳定性

1. 投资后期管理面临的三大挑战

第一，部分投资人存在“不想管”的态度，对于投资后期管理的重要性认知不足，倾向于让创业企业自行解决问题而不愿介入公司的战略和运营。

第二，另一部分投资人则面临“没人管”的问题，在投资后期管理方面的投入不足，缺乏专门的管理团队，或者将投资后期管理团队置于次要位置，导致资源匮乏、影响力不足。

第三，一些投资管理团队的能力和经验存在不足，缺乏转型推动和变革管理的经验，难以为创业企业提供有效的改进方案和支持。

2. 投资后期管理的思维强化

通过总结提炼国际、国内优秀投资探索和实践，我们提出了投资后期管理需要强化的“三大思维”。

第一，严守风险底线。通过严格管理关键人员的任免、确保财务透明度和管控有效资金、合规风险管理等措施，保障投资基本盘的稳固，避免因管理不当而带来的声誉、财务和业务损失。

第二，选择性管理赋能。为不同类型的投资目标制定个性化的投资后期管理模式，为创业企业提供个性化支持。

第三，全周期资本运作。帮助创业企业对接金融机构和资本市场，提升融资能力，实现后续收购兼并等战略目标。同时，引入专业的投资人关系管理和上市准备方面的专业能力，为创业企业的发展提供全方位的支持与指导。

3. 投资后期管理的改善措施

创业企业需要特别重视对投资的后期管理，积极使用有效资金，持续为投资人创造价值，为此需要采取以下改善措施。

（1）数字化赋能策略。

创业企业可以运用新质生产力实现公司管理和运营的效率最大化，确保在资源有限的条件下，公司仍能良好运作。创业企业应借助数字工具迅速准确地收集和分析重要数据，如市场趋势、客户需求分析、竞争对手分析等，并依托该类信息自动生成决策支持报告，满足投资人和监管机构的信息需求。

（2）综合化管理创新。

相当一部分投资后期管理仅限于收集财务报告数据和获取信息。这项活动主要围绕监管方面展开，但存在不足，如定期召开董事会和进行财务监管等环节已出现漏洞。对此，创业企业需要从以下几个方面入手，实施综合化管理创新。

第一，创业企业应加强全生命周期管理，在企业创业项目管理过程中严格把控项目建设进度，在评价阶段精确评估项目建设完成情况，及时处理问题，为后期投资项目决策提供依据。

第二，创业企业应建立标准化的资料库，统一项目定义，针对不同类型的项目建立系统。这样的项目库有助于未来项目的比较分析，为业务发展提供依据。

第三，创业企业应在各个节点建立完善的文档管理体系，如对投资前期、投资中期、投资后期的文档分类保管，提高信息分析效率、确保信息安全性，方便企业与投资者查资料和做决策。

第四，创业企业应对项目过程实施实时监控和控制，通过里程碑和规范的交付物管理，跟踪项目进程，及时进行项目风险分析，确保项目按照进度顺利开展，有效地防范风险。

第五，创业企业应注重投资成本的精细化管理和回报评价，协助投资人建立投资收益评价模型，减少项目预算和实际费用之间的偏差，实现对项目投资成本的实时和精细化管理。

第三节 财务之“操”：稳健有方

一、财务规划与预算

1. 大数据时代的财务规划

财务规划是企业为达成战略目标，通过对内外部理财环境的分析而制定的综合性财务计划，涵盖预测、预算、筹资和投资等多个环节。大数据时代的到来，为创业企业财务规划工作带来全新的机遇。在传统的财务规划工作中，数据主要来自财务报表，需要根据财务报表进行资料分析等具体操作，得出财务规划数据。但是，传统模式缺乏技术支持，使得财务数据不能及时有效地获取，无法进行必要的整理以及分析，不利于发挥财务数据的价值和提高创业企业财务规划工作的效率和质量。而在创业企业成长和环境因素不断改变的过程中，会产生海量的资料数据，借助大数据技术可以获取更多的经营管理数据，从多角度加深对创业企业经营情况的总体理解，提升管理决策的准确程度，为创业企业后续发展的决策指引方向。

大数据时代，财务规划与财务预算地位更加凸显。大数据为初创企业带来更丰富的大数据支持，财务规划与财务预算可以更加精准地实施。投资人可以通过解析大数据分析结果，更加精准地衡量创业企业财务健康状况和发展前景，在进行投资决策时会更加明智。

2. 财务规划和预算管理的重要性

（1）财务规划的重要性。

第一，财务规划是创业企业实现未来发展目标的重要手段，它明确了企业未来希望实现的目标，并在此基础上提出具体的措施。此外，通过财务规划有助于为创业企业确定前进的方向，确保财务决策与企业整体战略保持一致。

第二，财务规划有利于创业企业协调资源，在资源有限的前提下，优化配置各项资源，满足各部门、项目的资源需求。根据创业企业所需资金的多少和资金的筹措情况，实现创业企业管理层投资优先级安排，从而确保资金利用的最大化。

第三，财务规划通过对风险的评估和应对措施的制定，可有效降低创业企业运营风险，提升企业抗风险能力，也可协助创业企业建立应急储备机制，在受到突发性事件的影响时，使创业企业能够迅速做出反应，保障创业企业的平稳运行。

（2）预算管理的重要性。

第一，财务规划与预算是创业企业管理的基础，通过预算管理，创业企业能够有效控制成本，提高经济效益。

第二，投资人在评估创业企业时常会关注其财务管理情况，预算管理为创业企业提供了合理的财务数据和预测结果，有助于投资人做出明智的投资决策。

第三，预算管理为创业企业的决策提供了重要支持。通过预算管理提供的数据信息，有助于创业企业管理层做出正确、合理的财务决策，有利于创业企业的长期生存和发展。

第四，预算管理作为绩效评估的基准，能够帮助创业企业评估自身绩效，发现问题并提出改进方案，促进持续改进和学习。

3. 财务规划创新策略

（1）创新财务规划理念。

创业企业需要更新财务规划理念，深化对财务规划的认识，推动新质生产力与财务规划充分融合，保障财务规划的合理性与准确性。在创新管理流程上，创业企业通过构建信息共享平台，能够优化财务规划方式，提高效率和水平，提升企业综合能力。同时要构建内外互联互通的信息共享平台，及时完善财务数据信息，实现财务规划科学决策。而对于外部数据，需要构建评价筛选的方法，扩大数据共享范围，保证企业财务数据安全，使财务预算有序、高效地开展。

（2）创新财务规划人才。

当前，财务规划人才的专业水平和能力问题是制约财务规划工作创新的重要原因，创业企业必须构建高水平的财务规划人才队伍，加强财务规划人才的吸纳和培养，以满足财务规划工作开展的实际需求。

创业生态专栏 4-3

大华股份：基于生态链的财务智能规划

1. 企业介绍

浙江大华技术股份有限公司（以下简称大华股份）是全球领先的智能物联网解决方案和服务提供商。公司以视频技术为核心，致力于推进 AIoT（智能物联）技术研发和物联数智平台建设两大战略，推动企业与城市的全面数字化转型。2024 年，大华股份营收超过 321 亿元，在引领各行业智慧升级的同时，以其全球生态链数字化财务管理路径规划，用更少的财务人员完成更复杂的工作。

2. 财务智能规划

财务管理计划在企业运营过程中十分重要，是提高企业管理效能、创造效益的基本保证。大华股份作为一家跨国公司，已建立了高效的数字化财务管理系统，并设立了财务共享中心、信息和供应链中心，统筹全球范围内的业务和服务。通过将公司多个法人、核算实体纳入统一的财务组织体系，实现财务与业务端口的一体化、数据化、电子化，记账凭证全部基于业务端口产生的电子凭证，提高了业务数据处理的时效性和准确性。

（1）费用管理。

大华股份引进了大数据 SaaS（软件即服务）云服务“每刻报销”，直接与多个第三方消费平台相连接获取电子数据，而非采用传统的纸质报销单，员工可以汇总月度消费，提交电子发票报销，并可以直接上传至微信、支付宝等支付平台中，整个查账过程不需要实际的纸质发票，工作效率得到提升。系统降低了数据的储存过程，加快了数据处理和查阅速度，在系统内集成标准检查、预算控制以及补贴计算等步骤，让本来需要多次人工操作的财务过程变得极其简单。

（2）采购生态中的应付共享。

大华股份实现从采购端的发票接收、开票的发票二维码扫描、自动做账等全流程的数据传输。财务人员以条码枪扫描发票二维码的方式接收发票并登记，与应付关联也可以自动完成，避免了手工操作过程中可能出现的数据断档问题。

（3）销售生态中的应收共享。

大华股份利用自主研发的用户协同平台，将订单的接收、发货、运输、对账、开票、收款等整个销售收款流程数据电子化。数据流的连续性优化保证了财务核算的实时与准确。

（4）生产生态中的成本共享。

在生产领域，通过制定严格的数据记录和标准制订规范，大华股份实现了成本的线上实时计算。这种方式未来有望取代传统的标准成本法，而更加精确的实际成本法将得到更广泛的应用。

（5）总账生态共享。

公司采用拍照的方式将海外业务的会计凭证及时送回国内核算部门，会计部门直接根据拍照的图片制作符合中国会计准则的账务，并将凭证的影像和相关数据同步发送给外包方，作为当地制作会计账务的材料，建立总账的生态共享机制。

（6）税务生态共享。

对于涉税事务，大华股份仅准备申报资料，审核、打印、盖章、提交、沟通等工作由代理机构负责，既优化了工作流程，也极大地降低了涉税合规风险。

（7）资金共享。

为增强资金管控的有效性，大华股份运用 SaaS 云平台将大华的资金管理系统和支付系统进行整合，在银行端收支的所有数据直接集成至资金管理平台，并自动关联 ERP（企业资源计划）系统，自动生成会计凭证，大大增加了资金流的透明度，提升了资金的流转效率。

（8）电子票证。

大华股份对会计凭证的管理工作已经进行了多年的信息化改造，实现了发票的电子化，并采用电子档案库实现档案的采集、存储及检索，提高了公司的管理效率和安全管理水平。

在数字化财务流程的基础上，大华股份搭建了全面的数据共享总仓，将各项数据分别与各个系统进行了对接与整合，实现了数据的实时同步和优化利用，借助 BI（商业智能）数据中台实现了数据分析的及时化、集中化。同时，数据总仓的建立保证了会计数据到业务数据的追溯，减少了接口的使用数量，降低整体系统复杂程度，提升数据管理整体效能，并将原本需要 7 天完成的 ERP 物料计划计算工作，通过数据共享总库在 3 小时内即可完成。

3. 发展总结

大华股份的财务智能化规划，完全体现了其基于时代前沿技术推进财务数字化转型的前瞻性与能力。大华股份将进一步深化财务智能化应用，依托人工智能与机器学习等新技术更多地挖掘财务预测、风险评估与资源配置能力，持续赋能企业发展。

二、资金筹措与使用

1. 资金筹措与使用的本质

财务不是简单的记账，而是企业合法经营的基石，其能够对企业实施的规章制度进行合法性测试，保障企业商业系统稳定发展。企业财务管理可以成为价值创造的工具，在资金时间价值的匹配度方面实现资本调度价值管理上的利益均衡，并通过合理的资金平衡，提升资金使用效率，实现价值最大化。对于创业企业来说，由于常常面临高风险和高不确定性，其在筹集和使用资金时需要平衡投资者的期望与公司长期可持续发展的关系。

2. 资金筹措的关键点

并不是所有可借得的资金都适合使用，筹措资金也不是免费行为，相关方需要支付一定的费用，并在约定期限内归还。因此，在筹措资金时，创业企业需要关注以下四个关键点。

（1）多元化渠道筹资。

资金筹集的方式是多样的。创业企业初期可以利用内部资金以及自身的利润积累进行筹资，当利润和内部资金无法满足企业长期发展的需要时，就需要借助外部的资金支持，如采取向银行贷款、对外融资租赁、借贷、出卖闲置资产等方式筹集资金。创业企业应针对企业的需求衡量利率和额度，选择多种产品来分散风险。

（2）资金回笼规划筹资。

在贷款额度的确定上，创业企业需要综合考虑当前的现金需求用途，其目的是生产性循环还是短期项目投资。同时，还要考虑资金回笼周期与偿还时间的替代措施，在及时回笼资金的同时切实做好预案，避免在一笔贷款偿还之前因可能获得另一笔等额贷款的授信而引发违约风险。

（3）减少对外担保和被担保。

部分创业企业的银行贷款往往因为互保而形成所谓“担保圈”，从而减弱自身的信用额度，增加自身风险。银行在进行银行贷款的授信时，亦会考虑其对外提供的担保。因此，减少对外担保，缩小“担保圈”是创业企业减少风险的必然选择。其次，创业企业应注重提升自身的资产实力和资本实力，减少自己对其他企业的担保，保障财务健康。对外担保额的减少可以使创业企业维持较好的信用记录，改善创业企业的银行谈判地位，更好地抵御外部风险，增强企业偿债能力，从而为后续的经营活动提供保障。

（4）“摊平摊薄”风险的筹资需求。

为了降低筹资风险，创业企业有必要将单笔贷款额度降低，这可以通过多主体贷款或分散贷款渠道来实现。多主体贷款可采取内部担保方式，分散贷款可选择不同银行，或采用不同的贷款产品。这种化整为零的筹资模式能够降低单笔筹资规模，降低创业企业财务风险。同时，创业企业要合理规划归还时间，以进一步降低风险。

3. 资金使用的关键点

第一，充分利用自有资金和剩余结余资金，降低创业企业的筹资成本。在资产管理过程中，创业企业可以通过处置闲置资产来获得资金，或考虑采用融资租赁等方式进行资产购置和投入。

第二，采用多样化的借贷方式也是降低成本的关键。银行可以提供不同的产品，如承兑汇票贷款等，具有不同的负债筹资成本与优惠力度，创业企业则可以有不同的贷款选择，选用满足自身条件的贷款产品，降低融资的筹资成本。创业企业应当维持较低的现金持有水平，避免现金持有过多而利用率低。

第三，规避不必要的筹资。通过加快收款、延迟付款，可以有效地优化创业企业的资金周转，减少对外借贷的需求。在签订销售合同和采购合同时，创业企业可以通过磋商与对方达成一致，采取折扣销售或销售折让等方式来促进资金回笼，从而进一步降低筹资成本。

三、成本管理与控制

1. 成本管理与控制的含义

成本管理是公司在生产经营过程中进行的一系列管理活动，包括成本的预测、决策、计划、控制、核算、分析和考核等，旨在提高公司的经营效益和竞争力。

成本控制是成本管理的核心所在，主要是通过目标设定、有效防护和调节手段，对生产过程中的成本发生环节进行调整，对企业成本消耗中的材料、人员及时间等要素进行再次论证，以此对各个成本项目进行控制，促使企业对生产和管理中现有的资源进行优化利用，并进一步改进生产流程，提升企业生产能力，同时降低成本支出，增强企业的实力，最终实现企业的商业计划。

创业企业需要在对企业成本综合分析和评价的基础上，监控和应对原料价格上涨、工人薪酬成本增加以及技术改造投入加大等情况。同时，对生产过程中可能产生的浪费、损耗以及其他冗余成本，都要进行有效的预防和控制，以最大限度地提高资源的利用率。

成本管理与控制贯穿于企业整个经营过程中，创业企业必须制定科学的成本管控机制，包括合理的预算计划、清晰的责任体系、有效的生产监管方式、完善的考核与奖惩制度等，对企业成本运行的整个过程进行控制，使企业在竞争中取得优势。

2. 成本管理与控制的四个着手点

（1）从成本占比高的方面着手。

创业企业要全面掌控成本产生的全过程，包括设计、采购、制造、营销与管理等各个环节。针对不同的产品，成本可分为材料费、人工费和管理费等。一般而言，材料费用占据产品成本的比例较高，约为 60% ～80%，其次是人工费用，约为 5% ～10%，其他费用占比约为 10% ～15%。

成本管理和控制的重点就是对费用占比较高的材料、人工等进行成本优化。在这几个方面的成本形成过程中，若创业者对其没有进行规划、预算和制定管控目标，且缺少事中的监督执行，及时发现和纠正偏差，则超支的情况很容易出现。成本管理与控制是企业运营过程中的重要一环，创业者想要让投资人对自己产生信心，就必须重视成本管控，成本支出的多少将直接影响创业企业未来的盈利能力及发展走向。

（2）从创新方面着手。

创业企业通常会采取多种形式和方法来节约成本，如定额制度、限额领料、细化指标、成本反挤等。在保持经营稳定的同时，创业企业会尽可能每年降低一定比例的成本。但成本降低总有极限，这时创业企业就需要从创新入手，继续推动成本降低。例如，通过数字技术创新，降低原料用量或替换为更经济的新材料；通过工艺创新，提升材料利用效率、减少损耗并提高成品及一级品的比例；通过工作流程和管理方式创新，提升劳动生产效率和设备使用效率，从而降低人工成本和固定成本的比重；通过营销创新，助力增加产品销量和降低每单位产品的营销成本。

（3）从激励约束机制方面着手。

与成本发生过程相关的每位员工都应参与成本管控，发挥各自的作用，但让他们每个人都做到自觉控制产品品质和材料消耗不太现实，因此，创业企业需要建立有效的成本控制制度。通过制度，能够将节约成本与员工的个人利益联系起来，从而转变为全员参与的主动控制成本过程。

（4）从可控制费用方面着手。

从成本管控角度来看，产品成本主要分为不可控成本和可控成本两种。不可控成本是指某种在创业企业决策实施后已形成且相对固定的耗费，如人员工资及资产折旧费等，这种成本无法通过企业的直接管控而改变。可控成本是指特定时期内特定的责任中心能够直接控制其发生的成本，如企业的物质耗费和办公开支成本等。创业企业对可控成本加强管控，是实现降本增效的重要途径之一。

四、财务透明与监督

1. 财务透明与监督的意义

财务透明与监督既是创业企业的法定义务，也是保障投资人利益、切实维护市场秩序的重要内容。创业企业财务透明不仅可以获取投资者的信任，还能提高整个市场对创业企业的评价。同时，加强对财务会计的监督工作，对强化会计信息质量，提高资源配置的效率具有积极正向的影响。在资本市场中，创业企业还需要展现其在财务监督方面的具体规定，如日常财务审计、财务报告机制的透明性，以及财务监管政策的严厉性。

在现代企业治理实践中，财务透明度被视为评价企业治理水平的重要指标之一，有助于推动企业建立更加规范、高效的治理体系，而财务信息的透明度越大，意味着投资人可以更清晰地了解创业企业的财务状况和运营情况，从而提升投资人企业的信心，促进企业的长期稳定发展。然而，由于财务部门的岗位设置和职责分工不细化、财务透明化工作执行刚性不足等因素制约，要实现财务透明并非易事。只有通过监督检查，才能有效地发现这些制约因素并加以改进，从而维护财务信息的可信度和公信力。

2. 财务透明与监督的重要性

（1）增强投资人信任。

财务透明与监督能够提升投资人对创业企业的信任。投资人对于创业企业的财务透明程度和披露程度均有较高的要求，企业应积极地披露完整、真实、有效的财务信息，增强投资人的信心。

（2）促进资本市场发展。

财务透明与监督是资本市场发展的基石，它为投资者提供了更多的投资选择，吸引更多的投资人参与，提升市场的活跃度，最终推动资本市场的发展。

（3）推动企业更好地履行社会责任。

财务透明与监督是创业企业履行社会责任的重要方式之一。透明的财务信息披露在树立良好企业形象的同时，对于创业企业治理的规范和改善也起到积极作用。

（4）提升企业财务管理效能。

重视财务数据的真实性和合法性，能够显著提高财务管理的效率，进而使企业按照国家相关财务管理制度依法依规合理经营，还有助于企业按照自身实际制定适配的财务方案，降低经济运行存在的经济风险，为自身发展奠定良好的基础。

（5）促进企业合规守法经营。

创业企业在建立财务透明机制的同时设立财务监督的关卡，一方面可以保证企业的经营活动始终在法律允许的范围内进行，另一方面可以优化资金的合理配置，提高资产安全性，提升财务精准性水平，营造规范、透明的经营环境，保障创业企业健康发展。

第四节　治理之“轨”：迎风掌舵

一、设计治理结构

1. 治理结构的内涵

治理结构是项目整体决策过程中规则、流程、角色及责任的集合，构成项目管理框架，保证项目按照计划运作。治理结构反映了决定公司发展方向和业绩的各参与方之间的关系，有助于指导企业与员工、监管者和利益相关者之间的安全互动，并将组织方法集中到共同的主题上，包括“谁有发言权、谁做出决定和谁负责”等关键内容。

治理结构包括公司业绩评价、董事会成员的任命及考核、公司道德与行为准则、风险管理与合规性、董事会与公司管理层的沟通、公司与股东的沟通等事项，这些内容相互联结，形成保障公司持续稳健发展的治理结构体系。

2. 治理结构的重要性

建立有效的治理结构需要创业企业投入大量的努力和资源，创业企业应当在商业计划书中对自身的治理结构进行说明，以突出治理结构的重要性。

第一，治理结构确保了企业行为的道德性。治理结构不仅关乎创业企业的内部运营方式，还能预防不良行为，有助于维护公司的声誉，避免严重的经济损失。

第二，治理结构提供了决策和风险管理的指导。即使在冲突或危机出现时，有效的治理结构也能为创业企业提供保障，并通过战略规划减少风险。

第三，治理结构降低了创业企业的上市风险。通过确保创业企业内外各方了解公司的运营方式，治理结构减少了破坏性失误的可能性。

第四，治理结构提升了信息披露透明度。创业企业必须定期向市场披露信息，良好的治理结构有助于确保董事会会议、财务报告等都能按时推进，及时、准确地披露公司的财务信息、业绩数据、重大事项等，提高投资者和利益相关方对公司的了解和信任。

3. 构建有效治理结构的措施

治理结构作为实体管理和合规性的支持结构，为创业企业明确了符合其发展目标的治理流程，保证所有利益相关者的权利和责任关系均能被妥善处理。完善的治理结构有助于创业企业在流程制度、公司文化、薪酬政策和运营透明化方面均符合监管部门的合规要求。以下是创业企业构建有效治理结构的具体措施。

第一，疏通权力与信息通道。治理结构需明确创业企业内的权力归属，以及权力持有者需要在何时使用何种信息，而治理结构的有效性将影响决策的方式，推动信息在企业内部充分流动。同时，治理结构还需要明确创业企业的报告义务，厘清部门之间的关系。

第二，保障权利与义务。治理结构需要赋予全体股东就治理事宜的投票权、话语权和基本权利，同时，治理结构中的职能分配需明确各方的职责，保证角色分配和权利义务清楚明了。

第三，确保审计与制衡。有力的治理框架能够助力创业企业建立问责制度以及做出合理的决策，薄弱的治理框架则会导致创业企业的治理失灵，影响企业的发展壮大。任何一个公司要持续高效运作都离不开有力的制衡机制，审计作为一种重要的监督机制，对于公司治理结构的改善和规范以及实现有效制衡起着至关重要的作用。

第四，构建内控机制与沟通渠道。创业企业要针对合规管理建立相应的内部控制制度，保证所有行为的合规性，在发现偏差时及时纠正。同时，创业企业要与利益相关方建立有效的沟通渠道，保证其对企业决策的理解和支持。

二、优化决策机制

1. 决策机制的内涵

决策机制是指应用数学规划方法，从若干可能的备选方案中寻求最佳的解决办法、结果、行动计划或行动方案的过程，涉及满足所有约束依赖关系的情况下，形成最优的资源分配解决方案以达成目标。决策机制将信息技术运用到管理的整个过程中，从数据到行动的过程，整个决策过程都得到了优化、改进。

决策机制不仅涉及选择备选方案，还包括收集信息、分析数据以及平衡风险与回报，以做出明智的决策。对创业企业而言，确定任务的优先级是关键，而决策过程通常需要连续进行，有时是一次性的，有时则需要定期重新评估以确保其持续的适用性。

2. 决策优化的四个环节

对于创业企业来说，要想让决策过程实现端到端贯通同时又可追溯，需要在流程、数据、模型等方面进一步优化，其关键流程如图 4–5 所示。

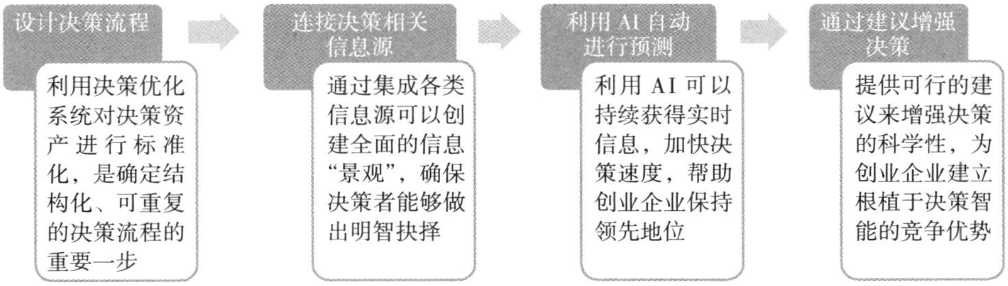

图 4–5　决策优化的四个环节

3. 优化决策机制的关键点

（1）识别重要、高收益决策。

创业企业需要识别可能对业务产生重要影响的决策，并确保最大化预期收益。其关键在于辨别哪些决策具有数字化潜力，避免在缺乏清晰业务目标的情况下进行无效的数据处理和分析。同时，必须明确识别决策的影响，包括单次决策的直接影响，以及通过反复实施产生的长期累积价值。

（2）全面了解决策性质，寻找最佳解决方案。

创业企业还需审视自身可以优化的各项决策，将每个决策相关的元素分解成目标、准则、指标等层次并进行定性和定量分析，建立可复制的方法体系。对于创业企业而言，要最大限度地考虑决策方案中的相关影响因素，对比分析不同选择时的投入价值与效益，准确地预测风险，从而在不同的方案中选择最优方案，实现企业利益的最大化。

（3）理解优化潜力，定义经济可行性。

创业企业应从已经确定的决策类型及优化方案着手，分析企业可优化的极限及实际可带来的经济效益，以减少资源浪费。

（4）构建技术方案，定义组织变革。

要建立有效的决策机制，创业企业需要开发出技术解决方案的原型，并推进组织变革，包括调整组织结构、决策流程等，以配合新工具的使用。同时还要挖掘内部资源，确保具有必要能力的人员能够运用技术解决方案，更加扎实有效地做好决策机制优化。

三、完善风控策略

1. 风控策略概述

风控策略是企业用来识别、评估和有效应对风险的方法、流程和行动。创业企业可以使用一致的、经过验证的风控技术构建科学有效的风控系统，用于了解企业即将面临的风险并评估其发生的可能性和潜在影响，以便采取适当的措施减轻风险。风险控制需要多维度、跨专业领域的合力支持，涉及创业企业内的多个部门及利益相关者，他们通常在风控策略的制定和完善中发挥着关键作用。

（1）董事会和高级管理层。

董事会和高级管理层负责建立风控文化，由其定义风控目标并进行监督，以确保整个创业企业的风控实践稳妥有效。

（2）风控部门。

风控专业人员在风险识别、评估、缓解和监控方面拥有专业知识和技能，在制定和实施风险控制策略方面发挥着关键作用。

（3）网络团队。

随着网络威胁和网络攻击的加大，网络团队对于管理技术和网络安全风险、保护敏感数据，以及确保信息系统的弹性至关重要。

（4）法律团队。

法律专业人员可以通过提供监管合规、合同义务和法律风险方面的专业知识，确保风控策略符合法律要求。

（5）财务团队。

财务团队助力评估财务风险、实施内部控制并监控财务绩效，以识别潜在风险或违规行为。

（6）人力资源团队。

人力资源团队可以通过对人力资源管理各个环节的研究，来降低或规避各种风险的发生，包括员工福利法律风险及合规性、人力资源管理法律风险及内部控制，以及劳动关系管理法律风险等内部风险。

2. 完善风控策略的重要性

（1）加强企业安全保障。

完善风控策略有助于防止创业企业有形资产、知识产权和信息、声誉损失所带来的风险，针对漏洞采取控制措施，提升创业企业安全水平，最大限度地降低威胁出现的可能性及危害程度。

（2）及时防控企业风险。

创业企业良好的风控策略能够使其在察觉潜在风险时发出警告。借助风险监测和风险管理，创业企业能够在风险恶化前及时对其进行预防、消除，避免风险带来高成本的失误或操作失效。

（3）更好地建立信任关系。

主动且全面的风控策略可以向用户、投资人传递利好的信号，还可以帮助创业企业与合作伙伴建立信任、培养更牢固的关系，吸引更多用户和投资人，从而获取利润增长机会。

（4）提高灵活应对能力。

风险评估与风险应对规划能够提高创业企业的整体柔韧性与敏捷性，使创业企业最大限度地降低负面事件影响，更好地维护业务连续性，更快地恢复风险影响。

3. 完善风控策略的实施流程

（1）识别企业面临的风险。

创业企业要高度关注自身的业务，预判可能遭遇到的风险点，并做好多部门协调工作，以确保全面识别自身的整体风险，通过对过去的案例进行分析来逆向探究风险发生的深层次原因以及引发风险的因素，或者关注行业本身的风险及行业新趋势，形成相关文件和记录，提前做好预防工作。

（2）确定风险的严重程度。

创业企业需要针对发生的各类风险事件评估其严重程度，从而确定采取风险控制措施的优先顺序。风险的严重程度需要从发生风险的概率、风险的可蔓延性、风险的起因和可能发生的时间段进行判断。

（3）制定降低风险的计划。

针对关键风险，创业企业应制定至少包括以下四类缓解措施：第一，通过改变流程、改变策略或者停止某些活动规避风险损失；第二，接受风险是在潜在影响较低或缓解成本大于收益时的选择；第三，借助签订合同、购买保险或采取其他风险分担的措施，实现风险转移；第四，制定措施降低风险发生的可能性或影响，如实施安全控制、建立系统冗余、开展员工培训计划或加强内部控制等。

（4）完善报告机制与沟通渠道。

创业企业需构建清晰简洁的风险报告及沟通体系以支持决策。例如，董事会的关注点在于企业层面的整体风险，企业员工尤其是普通基层员工和用户关注的是自身关切的风险，因此，创业企业要根据各类利益相关者的关注情况，通过不同的报告形式和沟通渠道，将风险报告精准送到投资者和员工手中。

（5）不断评估、调整风控策略。

风险控制需要持续更新。创业企业应定时更新风险控制框架，使其符合不断变化的风险环境，保障风险控制持续有效。

创业生态专栏 4-4

京东：风控实践与技术创新完美结合

1. 企业介绍

京东集团股份有限公司（以下简称京东）是一家自营式电商公司，排名2025年世界500强第44位 连续10年上榜打造中国民企标杆力量，正在转型为以供应链为基础的技术与服务企业。京东业务范围广泛，多元化领域的业务模型对京东的风控提出了更高要求。为此，京东采用了创新的“前台＋中台”组织形式，以确保所有业务板块在风控前台的协调下运行，同时由集团风控研发部门负责强大的中台系统构建和维护，实现业务的高效和安全。

2. 京东风控体系的演变

（1）初始阶段。

京东的风控体系起始于内部数据的基本利用，主要依赖京东内部的用户数据和交易信息，此阶段主要支持京保贝、金采等内部金融服务，标志着数字化风控1.0阶段的开端。

（2）发展阶段。

在此阶段，京东风控体系开始延伸到自身生态系统之外，充分利用外部的大数据资源，提升风控的精确度，服务包括应收账款融资、票据融资等更多种类的金融产品，平稳过渡到平台化风控2.0阶段。

（3）成熟阶段。

目前，京东风控已经进入数智化风控3.0时代。这是基于产业链场景与供应链金融科技的全业务流程的多维度综合性风控体系，具备全流程、全业务、全用户、全模式、全场景“五全”能力，为产业链上下游提供综合金融服务和风险管理。

3. 产业生态系统的构建与拓展

京东构建起成熟的风控系统之后，便以京东商城作为自己的电商主体，通过技术创新、客户需求、合作共赢与创新发展的产业链布局和生态构建，不断扩大京东产业链和产业生态，涵盖与电子商务产业链相关的领域和行业，规模和业态都很广泛。

京东的产业链布局和生态圈构建，主要包括以下几个方面。

（1）京东物流。

京东物流作为京东的支柱之一，是竞争力核心，更是京东庞大的收入来源，为京东提供仓储及物流一体化服务，并为其他电商平台企业及物流企业提供物流应对手段。应用先进技术，京东物流已经实现了京东物流智能化、物流自动化、物流高效化的发展，并且正在尝试新的物流模式，如跨境物流模式、冷链物流模式、社区物流模式，以应对不同的用户需求与场景。

（2）京东金融。

京东金融作为京东的重点发展方向之一，亦是京东重要的战略规划。京东金融除对京东提供支付、信贷、理财金融服务外，也为用户定制金融解决方案，借助大数据、云计算、区块链等前沿技术，实现金融服务大众化、便利化、安全化。同时，京东金融积极探索消费金融、供应链金融、农村金融，向多元金融市场和用户扩展。

（3）京东云。

京东云依托集团在人工智能、大数据、云计算、物联网领域的前沿科技能力，为京东提供云计算、云存储、云安全服务，同时为用户带来源源不断的云服务支持。公司综合运用人工智能、大数据、边缘计算等新技术，使云服务具备智能化、高效化、经济化的特点。同时，积极探索云游戏、云办公、云教育等云应用领域，使得云服务拥有更加丰富的场景、给予用户更好的体验。

（4）京东健康。

京东健康提供多种健康商品和服务，实现了健康领域的数字化、智能化和便捷化。此外，京东健康还积极创新在线医疗、远程诊疗、健康管理等健康模式，以提升不同群体的健康水平和生活质量。

4. 发展总结

京东在风控体系演变以及产业生态系统构建中展现了自主技术创新的重要性。数字风控到数智风控的转变与不同类型业务模型的拓展相辅相成。技术的发展使得风控效能有了更大提升，也推动了产业生态系统的良性发展。未来，京东将持续巩固技术优势，不断完善风控体系，保持核心竞争优势。

四、创新治理理念

1. 创新治理理念的本质

创新治理理念是在创新环境中提出的，强调对创新活动进行良好的引领和治理，从而使创业企业能够维系自身的竞争优势地位。创新治理不仅仅是一种流程或机制，还是一种思维模式、一种企业文化，需要企业管理层的积极支持与推动，也需要企业员工的参与协作。创新治理指导创业企业充分利用资源推动创新活动的进行，并最终将所创造的成果商业化。创业企业首先应当明确创新治理的框架，以便更好地平衡创新活动与日常运营之间的关系。

2. 创新治理的意义

创新治理的意义在于有效管理和推动创新工作，助力创业企业实现长期发展目标。创业企业通过创新治理能够更好地应对市场竞争、提高产品和服务质量、加速新质生产力发展、增强员工的创造力和团队合作能力，从而实现持续增长和可持续发展的目标。

3. 如何进行创新治理

在数字化转型趋势影响下，创新治理逐渐成为大多数创业企业的重要议题。创业企业通过运用创新治理的方法和策略，建立适配的创新治理体系来推进创新活动，包括将新颖的市场需求、想法成功实现市场化的流程问题，以及所需的治理框架、治理工具和跟踪措施等。

创新治理主要包括流程设计、文化塑造以及鼓励创业精神三个方面。有效的流程设计是确保创新成功的关键，包括明确的目标、合适的资源配置以及灵活的执行机制。合理的激励机制也至关重要，应该设计能够激励团队合作和创业精神的薪酬体系。同时，创业企业还要努力营造宽容失败和合理承担风险的文化，让员工敢于尝试新想法、新方法，通过文化塑造支持创业精神，并为团队合作提供支持和平台。

为了有效开展创新治理，创业企业需要明确创新治理的对象以及创新治理的责任人。

（1）创新治理的对象。

源于第三方的想法和技术的开放式创新，已成为创业企业创新的主流路径之一。创业企业管理层应明确开放式创新的目的、范围和实施过程，以确保双赢机会的创造。除了寻找技术合作伙伴外，还应考虑与其他创业企业合作，以获取创新想法和增强灵活性。在创新治理过程中，要着重于创新生态系统的构建，将不同的创新资源整合起来，助推创业企业持续发展。

（2）创新治理的责任人。

责任划分问题是创新治理的最后一环，其重要性不容忽视。这涉及各级具体的创新治理职责的分配，需要确定关键创新流程的负责人，以及是否将创新职责明确赋予专门的经理团队，而这也意味着要确定经理团队在公司的角色、报告级别、资源的分配权力以及与其他直线组织和各职能部门的沟通程度等。创新治理对于创业精神的孵化和发展非常重要，深入理解和把握创新治理过程，是创业企业活力长存的关键。

第五节 退出之“机”：未雨绸缪

一、退出策略制定

1. 退出策略的本质

退出策略是指创业企业或投资人为了实现特定的财务目标，对已参与的业务、项目或投资进行终止或变现的规划和方法，实际上是助力创业企业向长期目标过渡，向下一个阶段迈进，如重新定位业务、更新高级管理层、建立财务的可持续性等。全面的退出策略应该包括业务利益相关方、财务和运营的相关要求，以及对出售或关闭时所需做的所有事情进行详细的规划安排。退出策略因创业企业的规模和类型而存在差异，一个完整的退出策略能够体现创业企业的真正价值，是创业企业未来目标和新方向的基础。无论是个人创业还是团队合作，明确的退出策略都是战略规划的一部分，它不仅为创业企业提供了“安全网”，还为投资人提供了多样化的选择。

最典型的退出策略包括将股份出售给合作伙伴、资产清算、偿还后保留资产、IPO、合并或者被收购、直接出售公司等。

2. 制定退出策略的好处

不论是创业企业还是成熟企业，都应该制定全面的退出策略。创业和制定退出策略听起来好像格格不入，但在当下快节奏的经济形势下，这是一种理性的选择。如果没有合理的商业计划，很容易陷入解决日常问题的泥潭，而拥有宽广的视野，就能基于创业企业的愿景规划并执行实现最终目标的策略。

创业与退出策略相辅相成。创业是开始事业的第一步，退出策略则是为了让事业的发展方向更明确。完善的退出策略在创业初期就考虑了创业企业的全部生命进程，为未来的转变或变革做好准备。退出策略也是创业企业财务安全的保障及长远发展的规划。

制定退出策略的好处主要有以下三点。

（1）提升公司价值。

制定明确的退出策略是为了提升整体价值。在这个过程中，重点是保证创业企业的利润体系、培养高效经营团队、建立稳定的用户和供应商关系。

（2）提供灵活的模板。

创业企业可能会因为某些意外的发生而变更计划。改变已有的计划比临时制定计划更容易，因为预先设定的策略为其决策提供了框架，可简化应对不可预见事件的程序。

（3）收获最大化投资。

创业企业需要制定退出策略，以获得最大可能的回报，并减少公司未来可能发生的混乱情况。退出策略包括自愿退出策略和非自愿退出策略两类。自愿退出策略一般会设定离开的时间阶段，对创业企业的接班人做了清晰的交接，并且为原公司留下了一定的利润结余；非自愿退出策略往往是出于管理层的健康问题，无法按照以前的方式或完全无法工作，或者创业企业陷入财务困境，此时需要对员工和资产进行取舍，以便保持偿付能力并维持业务正常营运。

3. 制定退出策略的关键点

（1）明确退出的时间。

创业企业首先应该考虑退出的时间节点，确立自愿性退出的方案。确定未来达成最终目标的日期，该日期需要以公司的盈利、收益等为衡量标准，若没有实现则需重新评估退出的可行性。确定退出日期后，就需要调整经营管理方法，兼顾短期和长期的利益诉求，通过拓展公司的盈利能力和发现创造更大价值的方式，吸引潜在投资者。

（2）挖掘潜在投资人。

根据不同创业企业的需求和战略，需要对潜在的买家类型进行画像。

第一，对于拥有现金并寻求业务转型的个人或公司，收购该创业企业可能是其实现战略目标的一部分。

第二，有些竞争对手可能会寻求扩大市场份额，或获取数字技术、知识产权，因此也是潜在买家之一。

第三，快速发展的电子商务公司普遍正在寻求扩展产品线或拓展市场渠道，收购类似创业企业可能契合其增长策略。

第四，风险投资基金或私募股权基金可能会寻求收购此类创业企业，期望在短期内实现投资回报。

通过了解意向购买方的购买动机和发展需求，能够使创业企业的市场运作更加精准，有利于后续业务的顺利转让。当然，除出售给其他企业外，创业企业还可以选择 IPO 等交易方式实现退出

（3）提前制定退出计划。

提前规划退出策略能够最大化投资回报并确保公司持续发展。相关计划应至少提前三到五年制定，最好是十年，以适配目标和业务的发展变化。

二、退出方式选择

退出方式有多种类型，不同的主体在退出方式的选择上会存在差异，但是性质和底层逻辑基本相同。在商业计划书中需要对参与退出的不同主体进行有效划分，如图 4–6 所示。

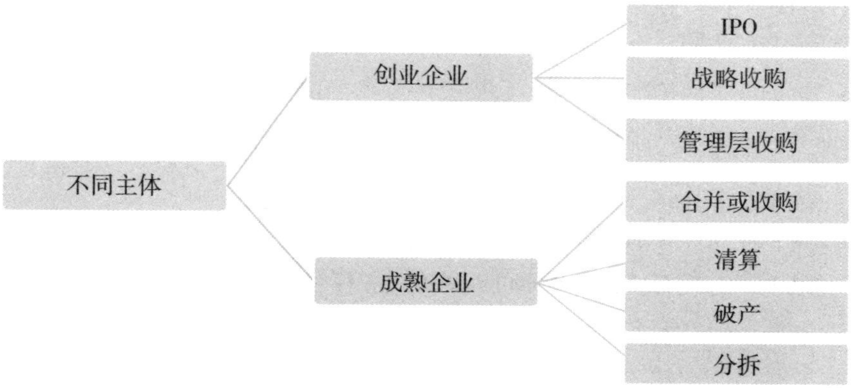

图 4–6　不同主体的退出方式选择

1. 创业企业

创业企业在选择退出时，一般会采取以下三种方式。

（1）IPO。

IPO 是许多创业企业主最喜欢的剥离方式，尤其是已经经历了几轮融资的科技企业。当选择 IPO 时，创业企业将成为公开交易的主体，投资人都应该获得可观的回报，在准备 IPO 时，创业企业需要克服诸多监管和治理障碍。

（2）战略收购。

大部分情况下，创业企业最终会将自身出售给规模更大的竞争对手或相关行业，通过将公司股份出售给收购方，实现所有权的完全转移。同时，创业企业被收购是因为其业务的某些方面是独特且有价值的，而不一定是因为其盈利水平或市场份额突出。

（3）管理层收购。

管理层收购是一种将公司全部或部分出售给现有管理层的策略。相较于战略收购，管理层收购的回报通常较低。这种交易常常需要管理层联合外部投资人，以便完成购买，使得原所有者有机会退出公司，同时保持了管理层对公司的控制权，确保业务的连续性。

2. 成熟企业

（1）合并或收购。

对于盈利能力良好且市场份额可观的成熟企业，可以选择与其他公司合并或被另一家公司收购。企业的估值通常以年利润的倍数来衡量，营业额和盈利能力越高，可能获得的倍数就越大。如果想在合并后继续参与业务，也可以保留即将出售业务的董事会，或者将在合并后的公司董事会中拥有席位作为出售条件。

（2）清算。

如果创业企业寻求比找到买家更快的退出业务，清算是一种选择。出售所有资产并结清所有现有债务，从而可以提取业务存续的剩余价值作为收入。虽然清算速度很快，但在大多数情况下，其利润要远低于出售或合并模式。

（3）破产。

如果企业面临无法克服的债务问题，也可以通过出售资产清偿公司债务。有一些专业风险投资人和私募股权公司专门收购破产或濒临破产的公司。破产是一个艰难的决定，但它可以减轻企业财务负担，为未来重启业务创造可能。

（4）分拆。

如果企业有多个运营部门，无论是按部门、地区还是按产品线 / 品牌，都可以将其拆分为单独的实体，然后出售以实现价值变现。通过这种方式，可以让企业获得报酬并减少运营管理规模。

三、退出谈判技巧

1. 退出谈判的含义

退出谈判是指公司所有人与可能的买方、投资人、合作者之间进行的一系列讨论与协商，从而达成公司退出计划的相关协议。在退出谈判当中，谈判各方就股权或者资产转让、公司合并、收购和其他有关形式达成相关交易条件，以期达到公司所有人退出的目的，并且为公司及相关人员争取最有利的结果。这种谈判可能涉及财务条款、法律条款、股权结构条款、员工未来安排、知识产权、未来计划等方面的讨论与协商。因此，创业企业不仅需要对退出策略、退出方式做提前规划，还应该列举退出谈判的相关细节，使各方充分了解创业企业的价值、市场条件、风险因素以及相关法律法规，以便在谈判过程中保持积极、灵活和透明的沟通。

2. 退出谈判前的准备

筹备退出谈判时，需要进行全面、周密的准备工作，以确保谈判顺利进行并最终达成有利的协议，如图 4–7 所示。

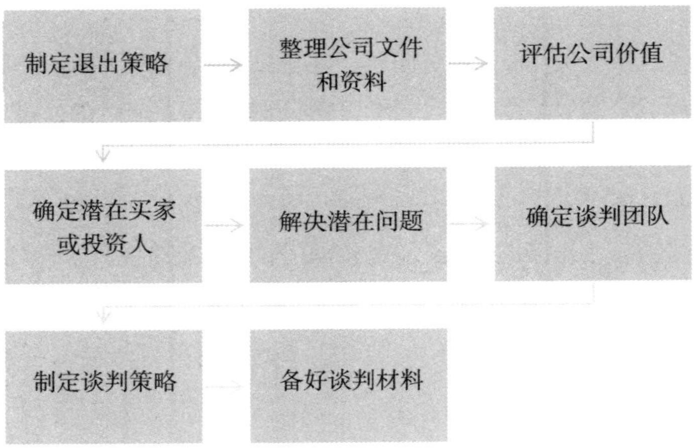

图 4–7　退出谈判前的准备工作

3. 退出谈判的技巧

退出谈判的技巧包括但不限于以下四点。

（1）明确退出原因。

退出谈判的首要任务是确定退出的原因，究竟是因为合作关系不再符合预期，还是由于自身表现不佳。如果是合作关系未达预期，这种情况下，退出可能会产生一定的成本，若能通过协商达成退出，也是最省时省力的。如果是因为自身表现不佳而选择退出，就需要有充分的证据支持，明确指出哪些问题会对公司发展产生影响，通过提供证据与对方谈判，尽可能降低退出成本。

（2）确定合同内容。

退出谈判前必须对合同内容进行研究分析。合同不是简单的文件，它包含着双方的义务和成本以及一些模糊性内容，而模糊性内容往往为双方提供了利益博弈的机会，因此需要尽可能地以公平的方式加以呈现。在退出谈判中，合同内容的有效分析将为后续决策提供有力支持。

（3）巧用杠杆效应。

退出谈判不可鲁莽应对，虽然不能预料谈判现场的具体情况，但可以根据退出策略的优劣势掌握谈判的主动权。在面对优势时，要加强诉求，最大限度地利用杠杆效应使自己的利益最大化；在面对劣势时，则要寻求公平和公正的解决方案。

（4）以更有限的方式谋求合作。

谋求部分提前退出时，需要找到双方都能接受的解决方案，尽管部分分离会带来压力，但双方仍必须保持良好的关系。在退出谈判中，需要充分理解双方的利益和需求，以便找到最佳解决方案。此时需要保持透彻的沟通和开放的心态，以确保双方都能得到满意的结果。

退出并不代表彻底终止合作，而是寻求更适配的合作方式，最大限度地发挥双方的优势。通过仔细分析和理性讨论，可以找到适合双方的合作模式，充分利用各自的专长，实现互利共赢。

四、退出影响管理

1. 退出影响有哪些

（1）财务影响。

出售或对部分业务予以剥离，创业企业将获得一笔资金，但是，若此部分业务在出售前就处于亏损状态，那么公司或许将收到资产损失的财务税务单。另外，公司在逐步关闭或清算的过程中，不但要割舍掉未来的收入，还需要承担巨额的退出费用，如员工遣散费、偿债费用等。

（2）组织结构影响。

创业企业退出意味着公司组织结构及管理层的变动，新的所有者或管理团队可能为创业企业带来新的战略和管理方式，进而引发企业文化和经营模式的变化。

（3）人力资源影响。

当公司迎来新的所有者和管理层后，员工可能会面临工作内容调整、工资薪水变动与裁员等状况，此时，管理层应及时沟通协调，缓解员工的焦虑，提振员工士气。

（4）股东影响。

退出影响的另一面体现在股东的利益上。若退出是通过股票市场或者出售资产等方式实现的，那么该企业的股东很可能会获得资本收益或分红，但是在某种情况下，退出也可能导致股东权益价值下降，如因财务困难或者以战略调整为目的的退出。

（5）市场地位影响。

从某一行业或者业务板块退出，有可能削弱创业企业在该行业的品牌竞争力。如果不能妥善处理，该行业的品牌就会被市场解读为公司整体实力的消退，进而降低用户与投资人信心。此外，收购兼并可能引发品牌身份的改变或者泯灭，需要通过有效的品牌管理和市场沟通来缓解。

2. 退出影响管理的必要性

为了确保创业企业在面临重大转变或收缩时仍能保持稳定和持续发展，退出影响管理显得尤为重要，主要体现在以下几个方面。

（1）平稳度过战略转型期。

创业企业在重组过程中可能需要战略性地退出某些市场或业务线，此时借助退出影响管理，能够让创业企业顺利度过战略转型期，实现人力、财务和物资等资源的有效转移。如此，创业企业的转型引发的混乱也会降至最低点，同时可以维持业绩水平，保证业务上的完整性。

（2）增强投资人和市场信心。

创业企业的退出行为往往会引起市场和投资人的关注。有效的退出影响管理能够通过及时、透明的沟通解释退出的理由，以及对创业企业未来的积极影响。同时，由于股价的稳定直接影响公司的市值和投资回报，因此通过退出影响管理也能稳定投资人情绪，维护股价稳定。

（3）避免或减轻社会责任问题。

创业企业的退出决策可能会对所在地区产生多重影响，如大规模裁员可能会提高区域的失业率，关闭工厂可能导致当地经济衰退，等等。创业企业可以通过实施退出影响管理措施降低负面影响，如与地方政府一起对员工再就业做技能培训，或者推进社会责任援建项目，维护社会公众形象，履行社会责任。

（4）优化资源配置。

退出战略是与创业企业资源配置优化关联最多的策略之一，有效的退出影响管理有利于将资金、技术、劳动力等资源从缺乏相关性或不具有高成长性的业务中解脱出来，并将其分配到增长潜力大或者具有战略意义的业务板块。

（5）处理复杂的合作关系。

创业企业在放弃某种业务方向时，往往需要中止或者重组与供应商、代理商及其他合作伙伴的相关关系。有效的退出影响管理可以帮助企业在保持原有的合作关系基础上，实现向新合作体系的平稳转变，而尽量降低对其他业务的影响。

3. 退出影响管理的注意事项

（1）定时退出。

在合适的时间节点实施退出策略，对实现退出价值的最大化非常关键。一般来说，退出时机应选择在创业企业能够负担相关成本与产生的影响范围之内，同时又能在适当的市场高点或者合适的周期退出。

（2）买家选择和任务调整。

创业企业选择买家时不仅要考虑报价，还应评估买方的市场信誉、财务状况，同时要评估买方行为的长期影响。此外，创业企业会对内部工作进行同步调整，保障业务的顺利交接，包括提供相应的培训、优化内部结构，确保关键业务持续运营，而非关闭核心业务。

（3）法律文件保护。

退出管理时，需要全面审查合同、协议及其他相关法律文件，使相关的法律义务得到妥善安排，避免法律风险的发生。例如，对已签署合同的失效条款、现有交易是否符合法律法规的要求、如何处理可能出现的知识产权转让等进行充分的文件审查，保证相关文件的完备和合规，以使企业在未来避免发生法律纠纷，为企业带来稳定的法律保障。

（4）维护利益的持续性。

创业企业应采用开放、主动的沟通方式，以及有效的利益平衡办法，保障员工、用户、供应商等利益相关方在退出时不受损害。具体包括为员工提供合理的补偿及工作过渡支持，为用户和供应商提供确保业务持续的方案，或者协助寻找替代用户、供应商、渠道商等。

篇末案例

晶泰科技：AI 智药领导者

1. 企业介绍

深圳晶泰科技有限公司（以下简称晶泰科技）成立于 2015 年，是致力于药物发现一体化解决方案的高科技企业。晶泰科技构建了融合智能计算、自动化实验与专家知识的“三位一体”研发平台，旨在有效应对药物研发过程中的各种挑战。为优化创业生态，晶泰科技进行了一系列组织管理和业务流程的革新，显著提升了研发效率与成果质量。

2. 技术突破与创新支撑

晶泰科技是一家由三位麻省理工校友联合创办的人工智能制药与先进技术结合的公司，其研发平台凝聚了量子物理、AI、机器人技术等前沿成果。晶泰科技的 AI 技术架构与传统 AI 大不相同，它不是依赖成千上万甚至上百万的实验数据，而是基于量子物理第一性原理的自动生成数据，这一创新不仅破解了传统 AI 大数据依赖导致的药物早期研发难题，还大幅度提高了预测精度，为化学、生物学实体及其互动构建了精确模型。另外，晶泰科技的计算技术可以在无实验数据时，预测出远超行业现有认知的分子性质，从而大幅加速药物早期发现进程；该算法亦能指导生成式 AI 技术，高效推进大规模创新候选药物的发现。

（1）智能化、自动化的药物发现平台。

晶泰科技的创新不仅局限于技术开发，还建立了涵盖从靶点确认到 PCC（临床前候选化合物）获取的完整新药研发流程的四大专利技术平台：XtalStrucTM 靶点确证、XcelaHitTM 分子设计、XceptionOpTM 成药性优化、

XcelDevTM 可开发性优化。这些平台实现了资源和创新的有效整合，为客户提供了全流程的优质服务体验。

创立之初，晶泰科技为了创建创业的生态环境，以全球化视野逐步布局市场，进一步把握投资机会，作为创业型企业对科技创新、市场开拓的远瞻、谋划能力，既提升了其国际化实力和优势，也为投资人和合作伙伴带来了更大的价值和可能性。

（2）高度集成、干湿结合的抗体研发平台。

抗体研发平台的高通量和全序列空间探索为高通量筛选提供了支持。晶泰科技在抗体开发中，不再局限于对已知序列的依赖，结合高通量筛选、高效率 AI 算法、全序列空间探索，在探索广阔序列空间的同时开发出更有效率的抗体序列，扩展可用抗体库，提升抗体开发效率与成功概率，借助结构及序列预测模型对抗体进行开发潜力评估，最大化保证了从实验室发现到临床实践的顺利过渡。高效率的抗体开发方式为抗体产品走向市场注入了强心剂。

另外，晶泰科技还采取基于结构进行抗体优化的方法，通过精心设计抗体的功能，并同时优化多个特性，不仅提升了抗体疗效及安全性，还有效地缩短了项目开发时间。公司研发队伍大多为来自海内外知名药企的研发专业精英人才，在大分子药物领域的理论和实践经验丰富，团队高度配合与公司氛围的良性培养进一步加快了研发进展，助力公司在行业中占据优势。

（3）智能化、自动化的新一代化学解决方案。

晶泰科技持续强化化学研究团队的专业培训和技能培训，在提高人员专业素质及技能的同时，要求团队对科研前沿的技术和方法进行深入研究，并且将所发现的技术或方法应用于实际工作中，从而从整体上提高服务质量。

公司拥有多个全球领先的研发实验室，高端设施不仅提升了研发能力，也加速了新药的开发过程。此外，公司的管理体系覆盖了整个业务流程，能够实现对组织结构管理体系的持续创新和优化，包括对实验室体系、化合物体系、专利体系、IT 安全、环境健康安全的培训和检查，确保公司运营高效安全。不仅如此，晶泰科技还从市场需求与自身发展需求角度出发，建立了一种灵活服务模式，包括公司的全职服务模式（FTE）和定制服务模式（FFS），更加贴合用户的用药研发需求，多层次的组织管理架构提高了公司的协同效率。

（4）先进、优质、高效的组织管理及研发新选择。

晶泰科技在海外搭建了一流的自有技术平台，通过内部治理结构和研发流程的优化改善团队整体工作和配合效率，组建专门的研发项目管理团队，使用先进的研发项目管理软件来追踪进展，以确保研发项目的质量与进度。晶泰科技注重公司治理结构优化与研发决策机制创新，借助合理的研发决策流程加强内部管理与外部合作的有机结合。

晶泰科技的固态研究团队和平台算法团队发挥高效组织管理的优势，以及团队创业精神和创新性，快速筛选有市场价值的创新药物的研发方向，开发具有商业价值的药物晶型。同时，为了与全球用户和合作伙伴建立稳定、广泛的合作关系，共同推进药物晶型在医药技术领域的发展，晶泰科技强化员工培训和团队建设，为员工提供更好的工作条件和更广阔的发展机会。鼓励团队成员思考，摒弃内部竞争，使团队的潜在能力得以释放。效能卓越、优质规范的治理结构体系逐步成型，有力地支撑和促进公司业务及业务线的发展。

3. 数字化发展历程

（1）结合 AI 大数据助力药物研发全过程。

因为药物研发周期长、成本高、风险大，所以数字化、信息化技术在药企中的应用尤为重要。在数字化转型过程中，需要注意结合企业文化、队伍建设、流程优化等治理要素开展数字建设，加强顶层设计，优化药物研发各环节的运营流程，从而降低风险、提高效率、节省时间和试错成本。在“AI+ 制药”的实践中，良好的治理结构、团队和数字化体系建设是提升企业竞争力的重要支撑。

晶泰科技凭借优秀的治理结构，支撑了以 AI 技术为驱动的核心智能药物研发平台，累计完成超过 500 个项目、100 余款管线药物的研发；数字建设走在行业前列，与希格生科的合作实践表明，人工智能赋能的药物研发具有效率优势，在创新和多样化方面也明显高于传统的研发形式，这与其优秀的治理架构和全面的数字化体系密切相关。

（2）创新药物研发的数字孪生系统。

晶泰科技重视数字化转型中优秀的治理结构作用，不断提升研发流程的数字化和智能化水平。公司建立了科学的项目管理机制，严格控制研发进度和质量，充分利用团队的技术实力和创新协同能力，不断尝试并优化技术方案，成功提高了药物研发的虚拟化水平，推动数字化转型进程。

在晶型研究方面，数字孪生程度大幅提高，标志着公司在数字顶层设计和创新协同方面取得了实质性进展。这一创新成果背后，彰显了晶泰科技在创业生态中的活跃表现和对投资决策流程的精细把控。公司不仅致力于与行业内的领先企业和高校深度合作，还不断推动技术创新的发展，强化对创业活动的支持。

（3）往深处走，寻找 AI 智药下一块拼图。

晶泰科技的愿景是成为全球药物开发智能化、自动化的引领者。公司通过技术创新改善治理体系，从而加速推进药物研发的自动化、智能化、数字化进程，提高研发效率，提升研发质量和水平。

在药物研发的重要节点，晶泰科技已深刻洞察到团队架构、创新能力对加速创新药物研发的关键作用。公司的人工智能药物研发平台系统融合了人工智能、云计算、超级计算、机器人化学、高通量计算等一系列人工智能技术，实现了药物分子虚拟活性的深度预测，大幅度提高研发效率及活性预测的准确性，助力结构优化及药物研发。

晶泰科技的结构治理不仅是内部管控结构的优化，还表现在创新创业生态系统的构建上。晶泰科技在构建创新创业生态系统的过程中，注重提升创业团队能力及推动科研项目前进的能力。公司与各个金融机构合作，构建服务新药研发的创新创业生态系统，不仅实现了创新资源集成优化，还提升了市场响应速度和财务计划的准确性。

（4）跟着市场需求走，甚至跑在前面。

大数据是智能用药发展的基石，也是最为重要的竞争资源，因此海量有效的数据获取和管理成为 AI 智能用药发展的核心挑战。作为行业的领军企业，晶泰科技与大药企维持良好的合作关系，能够触及更为全面的药物研发数据，但是数据的获取需要精细的结构整理的过程，从而有效地合并运用诸多渠道信息，构建有效的数据管理体系，更好地支持 AI 模型训练和发现更多潜在药分子。由此，晶泰科技凭借其在创业生态中积累的技术和经验，开发了一系列标准化、高通量、数字化及自动化的实验技术，能够在提升实验数据准确性的同时提高数据可靠性，破解 AI 药物研发数据瓶颈。同时，公司实验室也大量积累负样本数据，对AI算法、模型的完善意义重大。

4. 发展总结

晶泰科技作为我国最早一批布局AI制药行业并快速发展成为领先者之一的高科技企业，凭借其在基于AI技术的原创首创新药开发方面的技术实力，获得了投资方与客户的高度关注。公司从创业一开始就深刻体现了其技术创新能力和市场敏感性，从而在“拥挤”的医药行业竞争中“跑起来”。未来，晶泰科技计划通过全面部署AI技术赋能的数字化药物研发基础架构，推动药物研发行业的智能化研发模式的变革。

本章小结

本章着眼于创业生态建设，深入探讨了投资、智慧谋略、财务管理、治理结构以及退出策略等关键主题。第一节聚焦于投资的准备工作，包括投资标准设立、行业前景评估、团队素质考察以及风险管理控制等；第二节阐述了投资的操作过程，强调了投资决策流程的完整性、资本运作策略的灵活性以及投资后期管理的稳定性；第三节介绍了财务的实操要点，涉及财务规划与预算、资金筹措与使用、成本管理与控制以及财务透明与监督等方面；第四节探讨了治理的运行轨道，包括设计治理结构、优化决策机制、完善风控策略以及创新治理理念；第五节着眼于退出的机会选择，具体阐述了退出策略制定、退出方式选择、退出谈判技巧以及退出影响管理等内容，以确保创业企业的健康发展并最大化投资回报。

第五章

创业变现：价值共创的交响曲

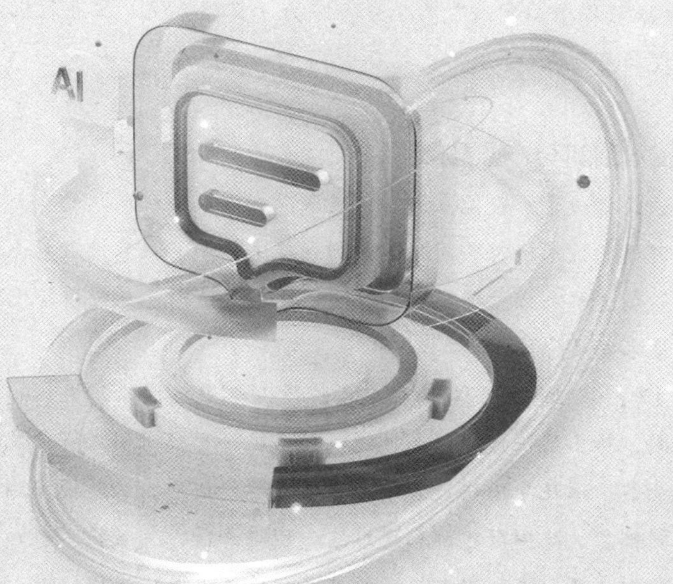

在创业道路上，变现始终是绕不开的核心话题。从独具匠心的创意到实际的市场应用，一切皆源于对用户价值的深入理解。这种理解并非孤立存在，而是与创业者和用户之间的互动息息相关，正是这种互动，推动了价值的共创。本章将深入探讨用户价值、价值共创以及创业变现之间的紧密联系，揭示其中的精髓与奥秘，探寻创业变现的关键路径。

开篇案例

华中数控：引领智能数控创新之路

1. 企业介绍

武汉华中数控股份有限公司（以下简称华中数控）成立于1994年，是国产中高端数控系统领域的领军企业。作为国家级高新技术企业，华中数控始终以“用中国大脑装备中国制造”为使命，致力于数控系统、工业机器人及智能制造技术的研发与产业化。

2. 技术创新与产业升级

华中数控打造了“数控系统—伺服驱动—电机—机床”的全产业链优势，形成了自主可控的技术优势，同时不断加强技术创新，从只做数控系统的生产商拓展成为智能制造解决方案提供商，打通了技术价值向产业价值转化的路径。

（1）技术发展阶段。

技术1.0：基础研发突破。在起步阶段，华中数控以掌握核心技术为主，攻关技术垄断，推出第一代国产高性能数控系统，形成从研发到中试再到实际应用的完整产业链，依托华中科技大学，深化产学研协同，为实现中国数控系统国产化进行生产储备。华中数控顺利度过这一困难阶段，突破技术瓶颈，研发出具备代码权的核心产品，成为国内仅有的具有数控系统源代码的公司。

技术2.0：产业化突破。在技术1.0的基础上，华中数控推进数控系统规模化应用，根据汽车、军工等市场需求研发专门方案。华中数控通过建立院士工作站和成立国家工程研究中心，联合产业链上下游企业，实现产品进口替代。华中数控市场份额跃居国产第一，技术变现能力显著提升。

技术3.0：数智化升级。面对工业4.0发展趋势，华中数控通过对AI、5G、数字孪生等高新技术的有机融合，成功推出智能化数控系统。此外，公司通过搭建工业互联网平台，实现设备互联、数据驱动和远程运维，帮助客户构建柔性生产线。

（2）创新驱动下的生态构建。

华中数控以“硬件＋软件＋服务”产业生态为核心竞争力，一方面借助国家04专项等的支持，承担国家重大课题，参与相关标准制定，另一方面，联合机床主机、下游应用厂商组成创新联盟，打造技术创新和技术创业的双闭环。例如，华中数控为航空航天领域C919大飞机零部件加工提供高精度数控系统，实现国产高端装备自主化。在西方国家技术封锁的背景下，众多企业面临产品缺少部件及数控系统的困境，而华中数控通过自身技术优势及深度分销、营销模式提高了创业变现能力。

3. 行业变革中的战略转型

（1）从进口替代到自主创新。

面对国际竞争，华中数控实施“技术＋市场”双轮驱动战略，夯实基础，自研核心产品，领跑数控市场。前期以其高性价比替代进口产品，渗透市场中端，抢占市场；后期通过换道实现技术升级，有效提升了企业的创业变现能力和行业竞争位势，进军高端市场，与西门子、发那科等国外厂商竞争。公司借势“一带一路”开拓海外市场，数控系统出口30多个国家，让中国标准走向世界。

（2）商业模式重构。

面对行业同质化竞争与客户需求升级，华中数控以“技术＋服务＋生态”为核心，推动商业模式向高附加值领域延伸。公司提供集成化的“数控系统＋工艺软件＋智能装备”整体解决方案，帮助客户提升加工效能；搭建数控云平台，打造智能制造服务平台生态，在数控云平台上沉淀客户加工大数据；联合保险公司推出以设备使用小时数为依据的“机床效能保险”，根据机床的实际加工利用率计费，已累计为300家中小制造企业提供服务，有效降低制造企业机床的运维成本。

华中数控通过生态化构建，促进产学研深度融合，与华中科技大学共建“智能数控联合实验室”，共同攻克数字孪生、AI补偿等23项关键技术；联合沈阳机床、秦川机床等行业龙头企业组建“数控系统生态联盟”，制定国产数控系统互联互通标准，已完成85%以上的国产机床厂商兼容。此外，公司开发虚实融合智能实训系统，入驻200余所职业院校，年培训3万余人次。

4. 核心竞争力分析

（1）技术生态前瞻布局。

公司通过打造“基础层－核心层－应用层”三级技术架构，累计申请专利800多项，且在人工智能数控、边缘计算等科技层面尚处于起步阶段的科技领域提早布局，2023年发布了可支持AI工艺优化的“华中9型”系统，大大提升了加工效率和加工精度。凭借强大的技术体系，拓展公司业务的增长模式，使得业务能力、创业变现能力进一步增强。

（2）服务体系深度融合。

华中数控通过建立覆盖全国的技术服务网络，为目标客户群体提供高效的“7×24小时响应＋定制化培训”服务。此外，公司通过自研“数控系统健康管理平台”，实时监测10万余台设备运行状态，客户设备故障率降低45%，形成差异化服务壁垒，实现稳定收益和用户黏性双提升，更好地满足了用户的需求，有效提升了公司的核心竞争力。

（3）业务结构持续优化。

华中数控实施“一体两翼”战略：“一体”聚焦数控系统主业，“两翼”拓展工业机器人及职业教育业务。2023年机器人业务营收同比增长58%，职教板块为行业输送超过2万名技术人才，形成“技术研发—产业应用—人才反哺”的良性循环。

5. 发展总结

华中数控持续攻关创新，为解决数控行业的“卡脖子”问题树立了典范，为各行各业提供变现可能，助力中国智能制造系统数智化升级。公司通过技术创新和生态共建，向“成为世界领先的数控系统企业”的目标稳步迈进，为我国从制造大国迈向制造强国提供有力支持。

第一节 用户价值的旋律构建

一、挖掘用户痛点：洞察需求

1. 用户痛点及对策

创业者应该从以下四个基于用户的痛点入手（见图 5–1），认真分析并思考如何通过自身业务解决这些问题。通过不断迭代和优化，创业者可以不断提升产品或服务的质量，满足用户的需求。

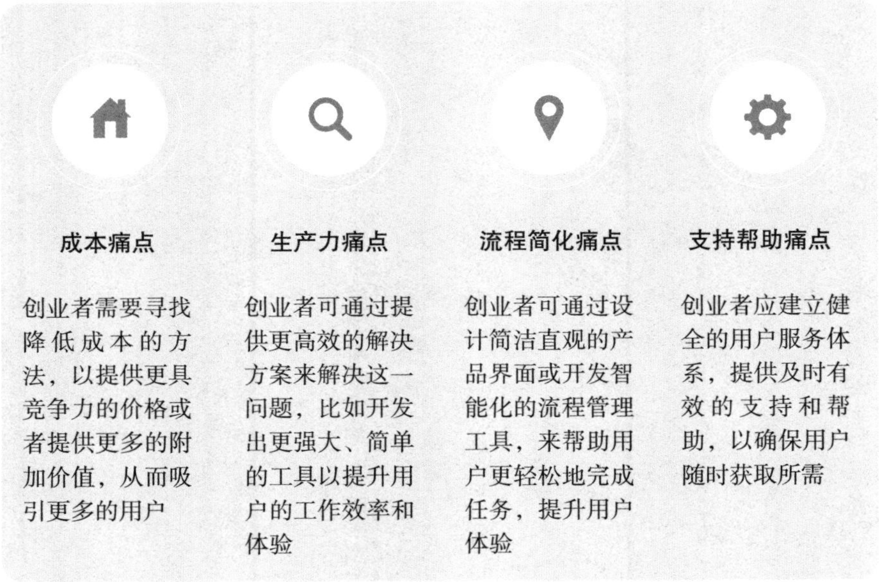

图 5–1 用户痛点的四种类型及相应对策

2. 挖掘用户痛点的障碍

在考虑用户痛点时，关键在于识别用户经常面对的难以忍受但可以被改善的问题。一类痛点是效率和质量驱动型，如餐厅排队、城市停车难、短途交通不便等，这些问题是由特定因素引起的，给用户带来极大的不便。另一种是需求驱动型，源于长期存在需求却没有相应的供给，如碎片化时间学习单词、提高商业计划书撰写效率等。对痛点进行根本分析最后提出解决方案是所有公司的基础任务，并以产品或服务形式为落脚点。众多创业者都因长期受到某些问题的困扰而创立公司，这种思考方式成为他们商业路径的起点。

挖掘用户痛点是创业过程中至关重要的一环，然而，创业者往往会遇到以下几个关键问题。

（1）抓错痛点。

有时创业者可能误解了用户真正的痛点，导致解决方案不切实际。例如，某些项目仅迎合表面需求，而非真正解决用户的核心问题，这种所谓“伪需求”并不能持续带来商业价值。

（2）描述模糊。

创业者有时对痛点描述含糊不清，使投资人难以理解项目的核心目标。在描述痛点时，必须清晰明了，避免让人困惑，确保项目的定位和价值得以准确传达。

（3）分析不够深入。

有些创业者对痛点的分析不够透彻，仅停留在表面，缺乏深入挖掘。相比之下，深入分析痛点能够更好地凸显用户群体、场景和问题的关键性，创业企业不仅为解决方案的设计提供更有效的指导，还能树立公司良好形象，增强用户忠诚度和品牌认可度。此外，挖掘用户痛点还能为创业企业赢得持久的竞争优势，在激烈的市场竞争中脱颖而出。

3. 洞察需求、痛点的关键

洞察用户的需求和痛点需要从以下两个方面入手。

（1）市场挖掘。

通过市场调研、竞品分析以及用户反馈等方式，可以深入了解用户的行为习惯、消费偏好以及面临的挑战。

（2）个人经验。

创业者通常会在日常生活中遇到各种问题和困扰，这些问题往往也是其他人所面临的。通过反思和总结自己的经历，可以挖掘潜在的市场需求，并为之提供解决方案。

创业变现专栏 5-1

柯力传感：工业物联网称重领域领军者

1. 企业介绍

宁波柯力传感科技股份有限公司（以下简称柯力传感）作为国家制造业单项冠军示范企业，入选“2023 年国家技术创新示范企业”名单。公司聚焦工业物联网称重领域，专业从事传感器、仪表及物联网系统的研发、制造与技术服务。核心产品涵盖应变式传感器、称重物联网终端、工业称重物联网平台等，业务网络覆盖 80 余个国家和地区，为工业企业提供智能称重解决方案及全场景数字化服务。

2. 核心技术应用

（1）工业称重物联网平台。

伴随工业 4.0 时代的到来，柯力传感先发布局工业称重物联网，从设备层、网络层、平台层、应用层搭建“数据采集 – 传输 – 处理 – 挖掘”全闭环方案，构建“智能传感器 + 边缘计算终端 + 云平台及应用”，实现对工业现场重量数据的现场感知、信息传输及数据分析判断，助力水泥、冶金、化工客户减少设备闲置时间 30% 以上。平台赋能的 AI 算法通过数据分析为企业生产系统改进、产品质量把控提供决策依据，目前相关技术已在几十家大中型制造类企业中应用，实现物料管理、能源计量等生产数字化改造。此外，该平台已成功应用于国家粮库智能化改造、智慧物流园区建设等重点项目，累计接入终端设备超百万台，推动传统称重领域向网络化、智能化方向转型升级。

（2）称重传感器创新应用。

作为中国应变式传感器国家标准的制定者，柯力传感专注称重技术20余载，其高精度数字传感器精度高达0.02%FS，耐高温传感器可在—40℃～200℃的极端环境下稳定工作。公司自主研发防爆型传感器通过ATEX认证，广泛应用于化工防爆环境；无线传输传感器5G/NB-IoT多模联接，解决了工业现场线缆布线难题。此外，公司在智慧物流领域为无人值守地磅提供一站式解决方案，全自动识别、数据对接、自助打印全程无人化，单台设备日处理量是常规设备的3倍。

柯力传感根据海外市场需求，设计国际法制计量组织认可的称重系列产品，在东南亚、中东地区设立分中心。运用“终端+App+服务”方式，为德国4.0工厂提供个性化称重物联应用，并帮助客户成功打造智慧工厂。此外，公司开辟智能在线测量、工艺过程控制等新方向，实现工业全生命周期的感知与测量。

3. 发展总结

作为工业物联网称重领域的先行者，柯力传感持续加大研发投入，紧密聚焦“5G+工业互联网”、人工智能等行业最新技术，建成业内首个传感器全自动生产线，年产能达到300万只传感器的智能生产制造规模。面向未来，柯力传感将继续深耕“传感器+物联网”战略，着力突破工业现场复杂工况环境下的数据采集和边缘计算技术，完善工业感知生态圈，为智能制造转型升级提供强有力的支撑。

二、定制用户体验：打造特色

1. 如何理解用户体验

对于用户体验而言，数字化转型对其影响深远，但在用户体验的理解上业界众说纷纭。部分观点认为用户体验包括交互体验、信息内容、售后体验等，也有观点提出价格、安装包大小、商品充足程度等指标均应属于用户体验的范畴。事实上，用户体验是一个比较广泛而深入的概念，可以将其视作重新构建用户关系的 AIPL 过程。

AIPL 模型源于美国的一个营销模型，包括认知（Awareness）、兴趣（Interest）、购买（Purchase）和忠诚（Loyalty）四个阶段，即从引起用户认知，进而使用户对产品产生兴趣，继而购买产品，最终使用户形成忠诚度的全过程。在这一过程中，用户体验对用户从认知到兴趣、购买再到忠诚有着直接的影响。以用户在电商平台的购买行为为例，用户认知可来自广告吸引、搜索引擎导入等方面，用户兴趣体现在商品页面设计感、推荐算法准确程度、购买体验流畅程度等方面，用户忠诚度则取决于购物流程、售后服务体验等。

因此，用户感受远不止是单一维度的感官体验，而是用户在整个消费过程中的感知和感受。将认知、兴趣、购买和忠诚四个步骤作为塑造用户感受的思维方式，并不断改进用户感受，最终建立起用户和创业企业的关系。

2. 影响用户体验的三大因素

了解影响用户体验的三大因素（见图 5-2），有助于提升产品和服务的吸引力。

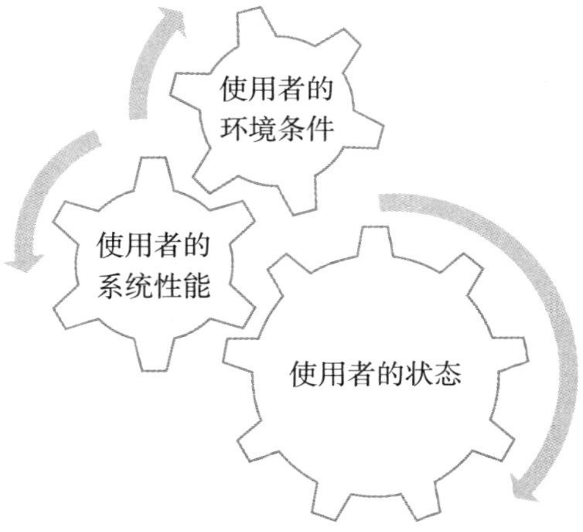

图 5-2　影响用户体验的三大因素

使用者的状态是指用户的心理及情感状态，包括用户需求、喜爱和期望等；使用者的系统性能是指产品或服务本身的优劣状况，包括网页的显示速度、功能的稳定性等；使用者的环境条件是指用户使用产品或服务时所处的环境情况，涉及网络的稳定性、设备类型等。

对此，创业者可通过定制化来设计特色性的用户体验。常用的方法是采用人机交互实践终身成就奖获得者雅各布·尼尔森提出的 10 个可用性原则。通过遵循这些原则，创业者能够更好地满足用户的需求，提升用户的体验感受。

3. 用户体验创造价值的路径

为用户创造更好的体验，一方面可以为创业者带来短期利益，另一方面可以为创业项目赋予长期价值。

在短期利益方面，集中体现为用户体验改进能带来单笔交易数和交易额的增加。通过优化产品展示页面以及服务功能提升用户的购物体验，以达到促进单次购买量提升的目的，同时优化售后服务，提升用户的满意度和忠诚度，从而提升用户的再次购买率和推荐率，达到短期利益最大化。

改善用户体验所带来的长期价值体现在获得企业项目的竞争优势和保持客户的忠诚度。持续提升用户体验可以增加客户对项目的满意度和忠诚度，使创业项目与用户之间建立紧密关系，从而实现长期价值的最大化。

为了强化用户体验，创业者需要从以下两个方面入手，持续创造价值。

（1）个性化推荐。

基于系统精细化的个性化推荐，将符合用户兴趣需求的内容和功能在系统中针对性地推荐给用户。这种针对用户个体的个性化推荐可以提升用户的满意水平、增加用户的忠诚度，也可以增强用户交互体验。

（2）定制化设置。

用户可以依照自身习惯与需求定制化调整页面、添加或移除功能模块，让网站更具个性化，强化用户的参与感和满意度，辅助创业者了解用户需求、消费风向，从而及时调整并优化产品，提升竞争力。

三、释放用户价值：数据驱动

信息泛滥的当下，创业者面临海量数据挑战的同时，也迎来了数据驱动创业的机遇。数据驱动技术是指以数据收集、分析和解释为基础进行战略决策和问题解决，而对数据的使用能够帮助创业企业更好地了解用户、市场和业务表现，减少决策的不确定性，制定更加合理的商业计划。

1. 数据驱动的价值

数据驱动不仅是一种理论方法，更是创业实践中的重要工具。

第一，数据驱动使决策更加科学客观，有助于对未来市场做出准确预测，使经营策略得到优化升级，更好地保障产品和服务质量。

第二，数据提供了关于业务和流程的详细见解，创业企业可利用这些数据识别问题、机会和趋势，并采取相应行动，持续改进绩效。

2. 数据驱动的作用

数据驱动的核心在于通过数据的收集、分析、决策制定以及监测反馈的循环过程指导商业计划和创业企业的发展，其主要作用如下。

（1）系统化的数据获取和归纳整理。

数据获取是数据驱动创业的首要任务。创业者可以通过财务报告、采购订单、成本评估等途径获得内部数据，也可以通过市场调查、顾客反馈信息、竞争分析获得外部数据。

（2）有效利用工具发掘数据潜能。

在数据处理方面，可以采用 Kafka[①]、Hadoop[②] 等工具完成数据清洗、数据处理，保证数据质量以及数据的准确性；利用 Spark[③]、TensorFlow[④] 等工具完成数据分析，挖掘数据中潜在的价值、规律等，并且根据业务需求、市场变化不断调整数据处理、分析的步骤，做到实时监控及异常预警，更好地辅助数据驱动决策。

---

① 一个分布式的基于发布 / 订阅模式的消息队列。

② 一种分布式系统基础架构，能够进行大规模数据集的分布式处理。

③ 一种快速、通用、可扩展的大数据分析引擎。

④ 一个强大的面向数据流的机器学习库。

（3）深度分析数据。

除了通过财务分析和风险评估衡量企业的财务状态和健康度，创业企业也可以通过市场分析和消费者信息数据掌握市场需求和市场竞争格局，借助用户和市场数据反馈改善产品与服务。

（4）基于数据的决策与创新，推动业务发展。

数字化转型背景下竞争激烈，运用数据驱动模式能准确地分析市场用户，更好地应对市场竞争，因此数据驱动已经成为现代创业企业成功的关键因素之一。

创业变现专栏 5-2

中大力德：精密传动驱动智造升级

1. 企业介绍

宁波中大力德智能传动股份有限公司（以下简称中大力德）是我国精密传动领域的领军企业，专注于减速器、电机及其一体化组件的研发与生产，致力于为工业自动化、机器人、智能装备等领域提供高精度、高可靠性的核心零部件。2024 年，公司市值突破百亿元，减速器国产替代进程加速，市场地位持续巩固。中大力德以技术创新为引擎，通过产品迭代与产业链协同，助力客户实现智能制造升级，推动我国高端装备自主可控发展。

2. 精密传动：赋能智造新生态

（1）减速器国产化突破。

中大力德的优势在于公司自主研发的 RV 减速器和谐波减速器生产规模不断扩大，其与国外厂商的产品性能基本一致，已进入埃斯顿、新松等国内领先机器人厂商供应链。公司通过加大研发费用投入，保持对公司减速器产品的更新，提供适用于人形机器人关节模组的微型减速器，积极布局新兴市场，同时与上下游企业合作搭建产业平台，联合解决材料、工艺等各类难关，以保持对进口产品更强的替代能力。

（2）机电一体化战略升级。

中大力德以“减速器 + 电机 + 驱动器”一体化解决方案为核心，推动产品结构向高附加值领域升级。公司通过模块化设计整合传动部件，为工业机器人、医疗设备等场景提供定制化动力单元，显著降低客户集成成本并提升系统稳定性。2024 年，机电一体化产品收入占比突破 30%，客户黏性持续增强。同时，公司积极布局人形机器人赛道，与多家头部企业开展联合研发，推动精密传动部件向轻量化、高精度方向演进，为长期增长开辟新空间。

（3）产能扩张与全球化布局。

随着下游需求激增，中大力德加速产能扩张。公司布局的佛山基地年产 30 万台 RV 减速器项目将于 2025 年投产，预计新增营收超 8 亿元。公司同步推进全球化布局，产品已出口至东南亚、欧洲等 20 余个国家和地区，海外营收占比从 2022 年的 12% 提升至 2024 年上半年的 18%。通过与国际机器人厂商合作测试，公司逐步打入海外中高端市场，并借助跨境电商平台优化渠道效率，提升品牌全球影响力。中大力德秉持其长远的使命，持续投入大量研发资源，不断推动技术创新与服务改进，力求为用户和合作伙伴提供更高效、更智能的解决方案，进一步释放用户价值，推动工业文明向前发展。

3. 发展总结

中大力德将继续深耕精密传动领域，以“国产替代 + 技术引领”双轮驱动战略为核心，巩固在工业自动化与机器人产业链上的关键地位。未来，公司将加大对人形机器人、高端数控装备等新兴市场的资源倾斜，深化与科研院所的产学研合作，推动新材料、新工艺的产业化应用。同时，依托智能化生产线与数字化管理体系的建设，进一步提升生产效率和产品一致性，为客户提供更高效、更可靠的传动解决方案。面向全球智能制造浪潮，中大力德的目标不仅是成为国产精密传动的标杆企业，更致力于通过技术创新与生态协同，推动中国高端装备制造业全面升级，为全球智造贡献中国力量。

第二节 价值共创的和合之音

一、价值共创的根本逻辑

价值共创作为新的价值创造现象逐渐成为管理学界的热点话题。在传统的商业模式中，企业与消费者之间的关联是单线式的联系，而价值共创理论突出的是生产者与消费者之间的联系及参与共同创造价值的关系，为创业企业带来了全新的思考和发展的机会。创业企业可凭借生产者逻辑和消费者逻辑深化价值共创理念，与消费者深入互动共同探究产品或服务的突破方向，更好地为市场需求服务，提升市场竞争力。

1. 基于生产者逻辑的价值共创

基于生产者逻辑的价值共创强调企业与用户共同创造价值的过程。在价值共创过程中，创业企业可以通过资源投入与持续性互动，与用户共同合作，依据其需要提出价值主张，整合用户的资源投入，以提高企业经营业绩、塑造企业品牌、加强企业关系、增强创新能力。用户作为价值共创的参与者不但要表达其价值要求，还要与创业企业共创价值，提供资源。

在价值共创系统中，创业企业需要制定有效的促进和管理策略，包括建立多元化的沟通渠道、建立开放的创新机制和建立健全的激励机制等内容。

创业企业可以明确提出基于生产者逻辑的价值共创理念，把消费者视作合伙人，制定相应的促进、管理策略。创业企业可通过建立用户社区、提供产品试用、开展个性化定制服务等方式，吸引和鼓励消费者参与共创活动，共同打造拥有比较优势的产品和品牌，从而利用消费者参与共创活动所带来的反馈和相关数据，实现产品和服务的改善，获取更强的市场竞争力，促使创业企业可持续发展和创造价值。

2. 基于消费者逻辑的价值共创

价值共创理念是以消费者思维为主体，立足消费者主动参与、合作实现共同价值的目标，让消费者不再作为创业企业的被动用户，而是能携手合作，共同创造价值。消费者不再是生产者的产品或服务的被动接受者，而是参与到创业企业的价值创造与创新过程中，利用自身的时间、体力、信息、技术、知识和技能等资源与创业企业协同合作，创造出更具有创新价值的产品或服务。这种价值共创的理念不仅提高了产品或服务的质量，也提升了消费者的参与度和忠诚度。基于消费者逻辑，价值共创的机理主要体现在以下四个层次。

（1）资源整合与互动。

消费者与创业者之间形成深入互动关系，持续进行彼此的资源流动、充分交谈和共同合作，进而实现更深层次的共同价值产生。

（2）价值共创系统。

消费者和创业企业都是价值共创系统的一部分，明确价值共创系统的运行逻辑和价值理念，有利于吸引投资者及消费者，形成可持续发展的商业模型。在创业企业内部，充分地组织消费者参与价值共创，可以有效地激发整个团队的创新灵感，推动企业快速发展。

（3）双向影响关系。

创业企业需要让消费者和投资者了解价值共创系统的运作过程并认同该价值系统，帮助企业建立可持续的商业模式。同时，创业企业需要积极引导消费者参与共创，以此激发团队创新活力并加速企业发展。

（4）多重循环流程。

价值共创过程形成多重闭环循环，即消费者个体学习与价值共创系统之间以及创业企业组织学习与消费者价值产出之间的循环，这些循环持续激发系统活力，推动其动态变革。创业企业通过改善这些循环流程，可以使自身更好地适应市场以及保持领先地位。

二、价值共创的实现方式

价值共创是一种竞争战略，强调个性化，主张消费者与企业合作共创。这一概念现在已然成为商业热门话题，在很多大公司的实践中取得显著成效。为实现价值共创，需要有效搭建沟通机制，了解消费层需求及期望，并建立公平透明的合作机制，保证共创过程的公平性及持续性。同时，还要建立有效的激励机制，激发消费者的参与热情及创造力。最后，持续不断地迭代和优化共创模式，适配市场的变化和消费者的需求。

1. 实现价值共创的五大维度

实现价值共创需要从以下五个方面着手（见图 5-3），它们共同构成了实现价值共创的重要支撑。

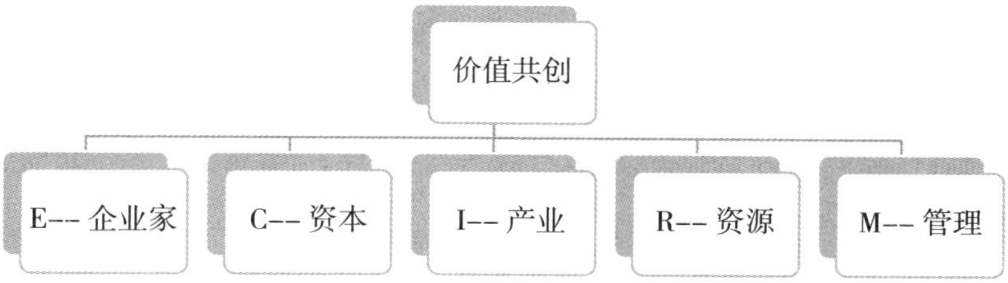

图 5-3　实现价值共创的五大维度

（1）E（Entrepreneur）——企业家。

企业家的目标愿景与志向影响着价值创造的深度与广度，企业家的能力素养、知识构成及品格决定着创业企业的成长与壮大。创业企业的创始人可以依托自身的智慧、远见和领导力，引领企业走向成功的价值共创之路。

（2）C（Capital）——资本。

创业企业实现资本层面共创的基本方式包括筹集资金、收购与兼并。资本的投入和运营是创业企业发展壮大、持续发展的基础。

（3）I（Industry）——产业。

在整个产业链上下游实现价值共创，共享整个产业链共创所带来的安全、高效和价值共享。企业可以通过与产业链上的各个环节共同合作，得以实现价值共创，进而提升整个产业的竞争力。

（4）R（Resource）——资源。

创业企业需要与各类资源融为一体，实现资源层面的价值共创。从经营环境到创业企业内部各环节所需资源，都是创业企业实现价值共创的关键。

（5）M（Management）——管理。

创业企业实现价值共创需要以调动个体的主动性为前提，推动员工与企业的共同发展。企业可以通过奖励机制和分享机制，激励员工积极参与和推动企业的持续发展。

2. 价值共创的实现路径

（1）培育相互信任与互惠的纽带。

消费者逻辑认为创业者应重点培育信任与互惠等互利合作关系，使合作各方形成可持续发展的合作关系。建立合理的沟通渠道是其中的重要举措之一，在各方互通信息后能够更精准地洞悉彼此的需求与期望，从而建立基本的信任关系。此外，塑造优秀的合作文化也是确保良好合作关系的重要举措，基于共同的价值观和行为准则，双方能够更好地协同合作，共同应对挑战并分享成功。

（2）持续追求创新与不断完善。

创业企业需要始终保持创业活力，及时顺应市场变化进行不断的革新。创业企业通过与消费者的互动，能够更加精准定位用户需求，第一时间跟进创新相应的产品与服务。不过，仅依靠创新是远远不够的，创业者还要对已有的产品和服务进行改善，以确保其适配市场的需求，同时要倾听消费者对于该产品和服务的反馈，及时发现并改正存在的问题，由此提升产品的市场价值和服务质量。

（3）重视社会责任与可持续性发展。

在竞争激烈的企业经营环境中，创业者的目标不应该仅局限于经济利益，还应该主动承担社会责任和推动可持续经营发展等。一般而言，消费者更加倾向于支持社会责任意识较强的创业企业，所以，创业企业应该重视社会责任的履行，积极参与社会公益事业，更好地回报社会。如此一来，创业企业不仅能够得到消费者的认可和拥护，还能够建立稳健的、可持续的经营模式。

（4）建立战略伙伴关系。

实现价值共创不仅需要短期的合作，更需要建立稳固的战略伙伴关系。创业企业应将合作伙伴由短期利益关系发展为战略联盟，让双方更加清楚地理解彼此的需求与期望，同时使创业企业更加了解市场、更加了解并满足顾客的需求，真正实现价值共创。

创业变现专栏 5-3

力源信息：扩展式价值共创践行者

1. 企业介绍

武汉力源信息技术股份有限公司（以下简称力源信息）是我国电子元器件行业的知名代表企业，专注于集成电路等电子元器件的推广、销售和开发应用服务。自上市以来，力源信息通过一系列精心策划的并购活动，显著扩展了业务范围和市场影响力，实现了与合作伙伴的价值共创，优化了产品和服务的质量，同时增强了企业的竞争力。

2. 价值共创的实现

（1）不断进行并购整合的外延式增长模式。

力源信息通过外延并购成功实现了对业务的全面布局，对其巩固在 IC 元器件市场的业务布局与市场地位显得尤为重要。公司起初是以目录经销商的身份发展，现阶段已经发展为全方位的 IC 元器件供应链服务商，这一转变是其发展的重要里程碑。

力源信息通过有效的并购活动，不断拓展产业链上下游，脱离被动的分销定位，逐步将业务发展到整体解决方案设计、模块化、终端产品、芯片设计领域。对鼎芯无限、武汉帕太、南京飞腾的外延式并购均属于公司战略，拓展了力源信息的价值增长模式和业务范围，提升了品牌的国际知名度。通过并购整合，公司已不再是单纯的代理商身份，而是以包含分销、模块、自研发设计业务的综合性公司角色出现。

（2）寻找潜在的互联网零售电商。

力源信息不仅在完善收购策略方面持续发力，还致力于拓展电子商务领域。公司加大资源投入，聚焦以电话、网络销售为代表的电子商务零售部门，提高电商销售的比例。此外，公司还计划通过外延式并购寻找潜在的互联网零售电商。

力源芯城作为力源信息旗下的电子商务平台，能够提供多项在线采购服务，涵盖产品分类、资料信息、产品方案、选型以及BOM（物料清单）报表等，服务范围广泛。目前，力源芯城已积累众多注册和活跃交易用户，专注于力源信息代理产品线，提供全方位在线购买服务，吸引大量用户。

力源信息在武汉打造了我国最大的电子元器件货仓，设立了专业防静电仓库和保税仓库，同时还与顺丰、FedEx、EMS等快递公司展开合作，提供高效经济的货运服务。

（3）坚持持续投入研发。

力源信息致力于不断提升整体研发能力。凭借其在代理分销业务的积累，力源信息不断延伸产品线，在自研芯片、模块及终端产品领域崭露头角。公司积极推进自研芯片MCU（微控制单元）产品的研发更新，围绕抗干扰、时钟精度、ADC（模数转换器）转换精度、运行和休眠功耗等多项主要指标加大投入，实现指标优化，打造竞争优势。同时，公司还进行了相关产品的AEC-Q100车规级认证，推动公司摆脱代理分销的单一业务重心，进而实现芯片设计与代理分销并重，打造独属自身的双核心战略。

此外，力源信息还不断加码对产品的焕新，推出了小容量存储芯片EEPROM、功率器件SJ-MOSFET两类新型产品。现阶段，力源信息将重心聚焦在下游领域，通过推出智能电网的解决方案及终端产品，不断贴近市场最新标准，集中资源投入研发活动，实现跨领域价值共创。

3. 发展总结

力源信息在实现价值共创的过程中，不断进行并购整合，寻找潜在的互联网零售电商，整合上下游资源、优化产品和服务质量，最终实现与合作伙伴的共同发展。未来，公司将继续深耕代理分销、解决方案和模块领域，坚持芯片设计与代理分销并举的双核心战略，提升自身的市场和技术地位，致力于为行业发展做出更大贡献，为行业树立价值共创的典范。

三、价值共创的品牌营销

1. 品牌营销的内涵

品牌营销是一个在消费者心智中创造和塑造品牌形象的策略性过程。其目标在于赋予特定组织、公司、产品或服务以独特的意义和认同感，从而在市场竞争中脱颖而出。这一过程不仅是为了帮助人们快速识别和体验品牌，更是通过清晰地传递品牌核心价值和差异化优势，促使消费者做出选择自家产品而非竞品的决策。

消费者是品牌营销的主要对象之一。当消费者在面对来自不同公司的同类产品时，品牌是其决策的重要考量因素。通过建立强有力的品牌形象，可以在消费者心中树立对创业企业的信任感和认同感，从而促进销售和用户忠诚度的提升。

消费者，员工、股东以及第三方利益相关者也是品牌营销的重要对象。成功的品牌战略不仅可以提升产品的竞争力，还能够增强公司的声誉和吸引力，直接影响着从员工、投资人、股东、供应商到经销商等多维度利益相关者。

2. 品牌营销三大要素

创业企业通过掌握品牌营销的三大要素（见图 5–4），可以打造强大的市场竞争力。

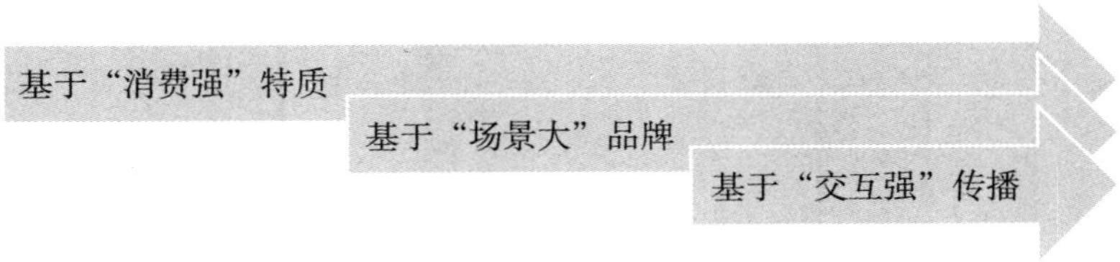

图 5-4　品牌营销的三大要素

（1）基于“消费强”特质。

基于“消费强”特质，创业企业需要深入挖掘品牌特质，重塑用户消费体验。对于高价值品牌而言，价值共创的实现源于对品牌竞争优势的深度挖掘以及对品牌特质的广泛应用。创业企业必须以品牌为基石，以明星产品体现匠心精神，以数字化赋能强化科技感，而最关键的在于价值共创，即通过差异化消费体验激活品牌生命力。

（2）基于“场景大”品牌。

基于“场景大”品牌的本质是构建“用户心智渗透－商业势能转化”的双向通道。通过提升消费仪式感或重构场景交互规则，形成具有价值吸附力的场景激活范式，实现品牌资产与生活方式的价值共振。依托用户圈层运营体系，以差异化产品组合穿透细分市场，同步完成高净值客群价值锚定与大众市场势能积累。核心在于建立品牌认知与体验感知的战略耦合点，使增长逻辑嵌入社会消费文化演进轨迹之中。

（3）基于“交互强”传播。

基于“交互强”传播，品牌运用数智化技术激发用户互动，塑造高价值形象；通过全渠道交互与智能应用创造全新购物体验，激活用户价值认知。强化品牌互动不仅能点燃消费热情，更能提升品牌影响力。这种深度交互模式将品牌与消费者紧密连接起来，为持续发展提供核心动力。

3. 品牌营销的关键手段

品牌营销的重要性体现在其能够为创业企业赢得市场份额，提升品牌价值，树立良好的企业形象，从而推动创业企业稳健发展。品牌营销的四个关键手段，如图 5-5 所示。

图 5-5　品牌营销的四个关键手段

第三节 创业变现的多彩演奏

一、创业变现思维

1. 如何理解创业变现思维

创业变现指的是将创意和想法转化为实际的商业利润的能力。这种思维方式不再局限于追求产品的热度或市场份额，而是注重构建可持续的商业模式。通过运用创业变现思维，可以对市场需求、资源整合和盈利模式等进行深入思考，实现创业项目的商业化运作，从而创造长期的商业价值。

2. 培养创业变现思维的关键原则

（1）将创业作为生活方式。

创业不仅是一种事业选择，更是一种生活方式。在这种生活方式下，创业者面临的不确定性极大，但过程中也充满了挑战和机遇。因此，创业者在决定创业之前，必须深入思考自身是否适合这种生活方式，能否克服其中的种种困难与挑战。

（2）持续保持创新力。

创业变现思维反映了创业者将概念化的创新转化为现实商业机会的能力。创业者必须不断尝试新的商业模式和推出新的产品或服务，剔除不适合市场的因素，复制成功的经验，持续进化和完善。

3. 创业变现思维的分解

创业变现思维可以分解为以下六种思维。

（1）市场洞察思维。

创业者需具备对市场动态的敏锐观察与深度分析能力。通过掌握市场趋势、竞争动向及用户需求，精准把握商机并提供契合市场的产品或服务。创业企业应持续追踪市场变化，灵活调整经营策略以适应数字化转型环境，从而维持竞争优势。

（2）创新思维。

创业者必须拥有独特的创意能力，持续推出新的产品 / 服务或优化现有方案。创业企业的创新需要覆盖技术、商业模式及营销策略等多个维度，通过差异化满足用户需求并构建竞争壁垒。

（3）风险控制思维。

创业过程面临普遍存在的市场、财务等风险。创业者必须有效识别风险并制定应对策略，通过建立完善的风险管理体系降低风险概率，保障企业稳定与可持续发展。

（4）人才管理思维。

创业者应具备人才发掘与培养能力，构建高效的管理团队。重点是通过人才培养机制、激励体系及良性工作氛围吸引并留住核心人才，为创业企业提供持续发展动能。

（5）财务管理思维。

创业者需掌握必要的财务知识并制定科学的财务计划，通过建立严谨的财务管理体系、优化资金运作机制及加强成本控制，确保公司财务合规和稳健发展。

（6）营销推广思维。

创业者需要制定有效的营销策略，以提升品牌知名度与美誉度。其关键在于深度理解目标用户群体，通过精准营销活动持续提升品牌价值，实现市场份额的拓展。

二、自媒体创业变现

1. 自媒体创业机遇的来源

自媒体创业机遇主要有以下四个来源，如图 5–6 所示。

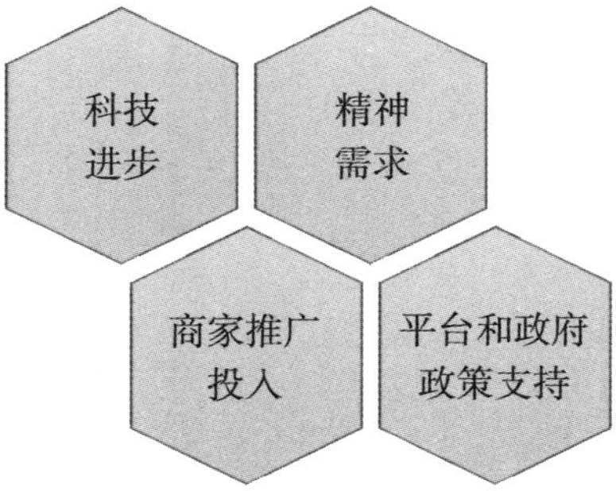

图 5–6　自媒体创业机遇的四个来源

（1）科技进步。

科技进步推动自媒体行业的蓬勃发展，自媒体矩阵堪比流量盛宴，而人工智能写作更是未来的趋势，为创业者提供了千载难逢的机遇。智能手机的广泛普及以及网络技术的迅速发展使视频制作变得简单易行，大幅度降低了制作成本，进而推动了自媒体行业的迅猛发展。

（2）精神需求。

自媒体的多元化内容形式极大地满足了人们日益增长的精神文化需求。文字、图像、音频和视频等各种形式的内容为人们提供了丰富的选择，视频形式尤其能够有效地展示个人特色，进而提升受众的心理满足感。

（3）商家推广投入。

商家在自媒体平台上的广告投入也为自媒体创业提供了重要支持。商家积极地投入广告费用和资源推广个人视频和直播，不仅吸引了更多用户加入自媒体，还创造了商业价值，成为一种快速获利的途径。

（4）平台和政府政策扶持。

平台和政府政策的扶持为自媒体行业的发展提供了有力保障。各大自媒体平台纷纷出台了一系列扶持政策，如腾讯的“微视星计划”、今日头条的“青云计划”等，为自媒体创作者提供了良好的发展环境。同时，政府相关政策也给予了自媒体行业鼓励和支持，为其蓬勃发展提供了有力保障。

2. 自媒体创业中存在的风险

（1）竞争和收入不稳定。

自媒体领域竞争激烈，每天涌现大量内容，吸引用户关注变得更加困难。创业者需要面对来自其他自媒体账号、传统媒体、大型平台以及同行的竞争。同时，自媒体创业往往缺乏稳定的收入来源，收入主要来自广告、赞助和付费订阅等，但受市场波动、广告主需求变化等因素影响，可能导致收入波动或下降。

（2）内容质量和法律风险。

提供优质原创内容是创作者面临的灵感挑战，需要保持创作激情、研究受众需求、呈现有价值内容，同时保持内容的独特性和原创性。此外，自媒体创业涉及内容创作、发布和传播，必须遵守相关法律法规和道德规范，了解版权、知识产权、隐私保护等法律要求，避免侵权和违法行为。

（3）自媒体创业变现困难。

尽管自媒体平台提供了多种变现途径，但对于自媒体初创企业来说，实现盈利仍然是一项挑战。除了竞争激烈和收入不稳定外，还需面对自身知名度不高、流量获取难度大等问题，这些都增加了自媒体创业变现的难度。

3. 自媒体创业变现的主要策略

（1）细分领域，聚焦优势。

在自媒体领域，广度与深度并存，因此，选择一个与创业方向、自身优势相匹配的细分领域至关重要。专注于自己的优势领域能够更好地吸引目标受众，强化自媒体知名度。

（2）平台选择，策略先行。

不同的自媒体平台拥有不同的特点和受众群体，需要考虑平台属性、受众喜好以及自身的内容形式，了解各平台的运营规则，选择最适合自己的平台，从而最大化发挥内容价值。

（3）盈利模式，多元变现。

多样化的盈利模式是成功的关键之一。除了传统的粉丝接广告模式外，还可以通过平台补贴收益、带货提成收入等方式实现多元化变现。

（4）避免误区，稳健发展。

自媒体创业过程中，很多人容易陷入误区，如盲目追求热门领域、忽视平台规则等。要避免这些误区，需要保持冷静和理性，不断学习和总结经验教训，制定明确的目标和计划，稳步推进创业者本身的自媒体事业。

（5）私域流量变现，打造个人 IP。

在自媒体创业中，私域流量变现是实现盈利的关键。一方面可以通过公众号、个人微信等平台，建立自己的私域流量池，提供真正的价值体验，将粉丝转化为忠实用户；另一方面可以结合其他平台，形成多渠道传播，扩大品牌影响力。粉丝是自媒体的流量基础，只有真正关心并满足粉丝的需求，才能实现稳定的自媒体变现。

三、数据创业变现

在当前的数字化浪潮中，拥有海量数据已经不再是稀奇之事。事实上，数据本身正在逐渐演变为一种大众化商品，随处可见且能够轻易获取。然而，在数字经济时代，真正能够将数据转化为经济利益的能力，不仅仅是简单地积累数据，它已经成为创业者竞争的关键所在。

1. 数据创业变现的内涵

数据创业变现，即将创业企业所拥有的数据转化为经济利益的商业模式。在数据创业变现的过程中，数据的价值得到了充分的挖掘和利用，通过对数据内容的深入分析和挖掘，以及建立相应的商业模型和营销策略，使数据得以产生利润。这种商业模式在大数据时代愈发盛行，各行各业都在努力通过数据创业变现获取更多的利润。

2. 数据创业变现的方式

随着大数据时代的兴起，创业企业应该更有效地利用大数据实现商业转化。以下是数据创业变现的五种方式。

（1）数据自主经营。

创业企业需要拥有大量数据资源以及相应的新质生产力支持，并且具备相当的数据分析能力。通过对数据分析的结果进行深入挖掘，创业企业可以不断改进和优化产品、管理和运营模式，从而获得更丰厚的商业利润。数据自主经营模式贯穿大数据价值链的各个环节，包括数据的采集、存储、处理和应用，构建了一个完整的闭环系统。这种“自产自销”的模式不仅有助于降低成本，还能更灵活地满足其自身的需求。

（2）数据租赁。

数据租赁是创业企业凭借丰富的数据资源，经过整合和加工后向用户出售或出租，从而获取利润的商业行为。这一模式适用于拥有大量数据资源的创业企业，因为不需要额外花费精力去收集数据，而是可以通过对已有数据进行简单加工，就能为用户提供有价值的信息服务。

数据租赁中存在着完整的价值链条。一是数据采集环节，具备强大的数据收集能力，以确保获取的数据具有一定的质量和数量；二是信息提取阶段，通过对采集到的数据进行加工、分析和整合，从中提取出有价值的信息；三是价值传递环节，将经过加工的数据或提取出的信息以产品或服务的形式传递给用户，从而实现数据的增值和资产的变现。

（3）数据平台。

数据平台提供关键的数据服务，是创业企业实现盈利的一种有效方式。数据平台不仅可以帮助创业企业收集和分析各种类型的数据，还可以通过各种先进的技术和工具对收集到的数据进行处理和分析。

（4）数据仓库。

数据仓库通过整合多种类型的数据，支持创业企业科学制定决策以实现投资回报最大化。该领域的成功运营依赖于高级数据分析人才和决策支持工具的存在。凭借这些资源，创业企业能够提供精准的分析报告和决策支持，优化业务流程，同时控制成本及提升产品和服务质量。

（5）数据外包。

数据外包就是指将数据相关的收集、处理和分析工作委托给专业机构，分为决策外包和技术外包两种形式。承接这类业务的创业企业通常拥有先进的数据技术和优秀的分析能力，并具备深厚的行业知识，从而能够为不同领域的公司提供解决方案。

3. 数据创业变现的流程

数据创业变现主要包括三个阶段，如图 5–7 所示。

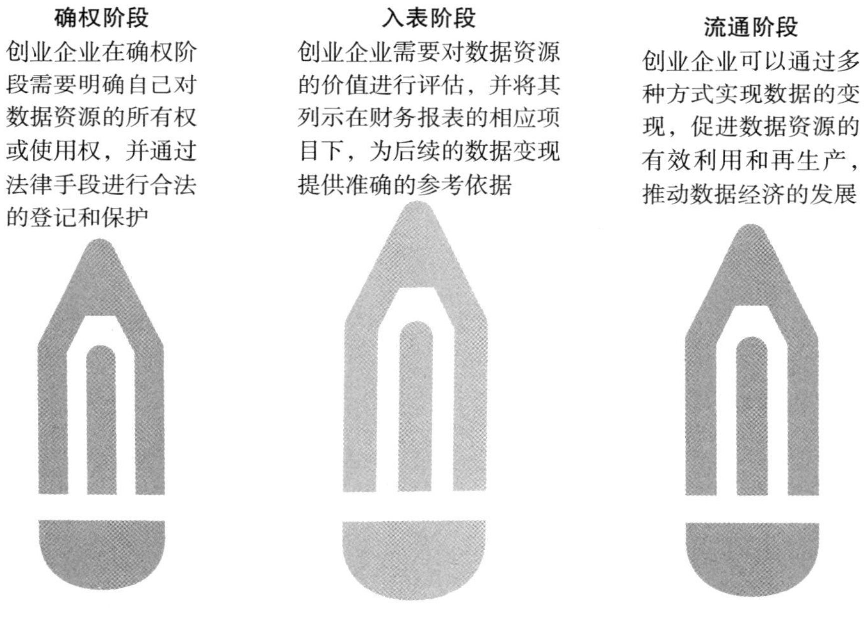

图 5–7　数据创业变现的三个阶段

创业变现专栏 5-4

绿的谐波：精密传动领域的国产突围者

1. 企业介绍

苏州绿的谐波传动科技股份有限公司（以下简称绿的谐波）是一家专注于精密谐波减速器研发与制造的高新技术企业，2024 年营业收入达 3.86 亿元，稳居国产谐波减速器行业龙头地位。公司产品广泛应用于工业机器人、数控机床、航空航天等领域，其谐波减速器国内市场占有率超 24%，成功打破海外品牌垄断。凭借 127 项核心专利（含 6 项国际专利），绿的谐波以高精度、长寿命的产品性能跻身全球第一梯队，并积极布局机电一体化及人形机器人赛道，实现技术专利变现，推动国产精密传动技术的迭代升级。

2. 核心技术突破与产业布局

（1）技术研发与创新。

随着人工智能和人形机器人概念的兴起，绿的谐波持续加码研发投入，2024 年研发费用同比增长 5%，重点突破材料科学、精密加工等核心技术瓶颈。公司自主研发的 Y 系列谐波减速器，精度寿命达国际领先水平，适配工业机器人、半导体设备等高端场景。同时，公司积极拓展机电一体化业务，推出集成减速器、电机、传感器的模块化解决方案，显著降低下游客户装配成本。面对人形机器人产业化趋势，绿的谐波已与优必选、三花智控等头部企业合作开发专用减速器，为未来量产奠定技术基础，助力人工智能人形机器人生态的构建和发展。

（2）产品应用与市场拓展。

绿的谐波以工业机器人为核心应用领域，其产品覆盖宇树科技等国内主流机器人厂商，并加速开拓新能源、半导体设备等新兴市场。2024 年，公司海外营收占比提升至 18%，产品进入 Universal Robots（协作机器人龙头）、Kollmorgen

（电机巨头）等国际知名企业的供应链体系。在人形机器人领域，公司率先推出轻量化、高扭矩密度减速器，适配关节驱动需求，已通过多家厂商性能测试。此外，绿的谐波规划至2027年将谐波减速器产能提升至159万台/年，同步建设机电一体化产品产线，强化规模化交付能力。

（3）产业链协同发展。

绿的谐波的优势不仅体现在技术研发上，全产业链覆盖能力也是其核心竞争力的重要组成部分。公司从原材料的精心选型开始，严格把控生产各个环节，涵盖精密加工至整机装配流程，实现了全产业链的自主可控。这种全产业链的掌控能力，一方面保障了产品的高质量，能够对各生产环节进行严格的质量监控，另一方面也为公司带来了成本优势，通过优化生产流程和资源配置，降低了生产成本。此外，全产业链自主可控还使得公司能够快速响应客户的定制化需求，满足不同客户的特殊要求，进一步提升了市场竞争力。

此外，绿的谐波通过机电一体化模块（集成减速器、电机、传感器）提升产品附加值，该类产品毛利率超过45%，显著高于传统减速器的毛利率水平。2024年机电一体化收入占比达22%，成为新的利润增长点。公司与优必选、特斯拉等厂商签订联合开发协议，提供定制化谐波减速器解决方案，并约定量产阶段按单台设备收取专利授权费。2025年首批人形机器人试产订单已锁定，预计贡献收入超3000万元。

3. 发展总结

绿的谐波凭借其强大的技术壁垒和先发优势，已成为国产高端装备核心部件的标杆企业，人形机器人业务更被视作第二增长曲线。然而，公司短期面临工业机器人需求疲软、毛利率下滑（2024年降至39.7%）等压力，叠加行业竞争加剧，价格战风险不容忽视。为巩固竞争优势，绿的谐波需持续提升产品性价比、加速全球化布局，同时优化财务结构，减少对非经常性收益的依赖。在智能制造与人工智能技术深度融合的背景下，绿的谐波有望通过技术迭代与生态合作，进一步打开成长空间，引领国产精密传动行业向高端化迈进。

四、AIGC 创业变现

近年来，人工智能技术迅速进步，在图像生成和语言模型领域为 AIGC 的发展提供了坚实基础。新质生产力的涌现，不仅提升了 AIGC 生成效果，还加速了生成速度、提升了场景理解能力，使其在商业应用上更具竞争力。同时，开源模型的普及使更多开发者能够参与 AIGC 技术的应用和创新，为 AIGC 的商业化及变现探索提供了更多可能性。随着数字技术的日趋成熟，越来越多的创业企业投入 AIGC 领域，推动整个行业蓬勃发展。

1. AIGC 的优势

AIGC 在各个行业中都呈现出蓬勃发展的态势，创意行业也不例外。AIGC 能够为创意行业创业企业带来显著优势。

（1）优化生产流程。

制作流程是任何创建视频或音频内容的创业企业不可或缺的一部分。在这方面，AIGC 可以通过自动执行视频编辑、混音、色彩校正等重复性任务帮助优化流程。借助机器学习功能，人工智能系统可以从过去的数据集中学习并随着时间的推移不断提高其准确性。

（2）优化配送流程。

内容生产完成后，下一步就是内容分销。AIGC 在内容分销环节潜力巨大，可以借助情感分析和图像识别等数据分析技术，深入了解用户的行为模式和偏好，从而优化流程。

（3）创造新的收入来源。

创意行业一直面临寻找创新方式创收的挑战。人工智能有潜力为该领域的创业企业创造全新的收入来源，它可以使某些以前手动完成的流程实现自动化，通过内容创建或管理的方式，不仅节省了时间，还能够显著提高内容的质量与产量。

AIGC 正在从另一个维度改变创意产业，凭借预测分析工具帮助创意行业创业企业准确预测特定产品或服务的需求。创业企业可通过使用机器学习模型分析社交媒体趋势或通过搜索引擎查询多元数据，深入洞察内容产品的未来趋势，从而更好地规划内容产品的发布。AIGC 在彻底改变创造力方面具有巨大潜力，为超越传统商业模式的创业者提供了一系列机会。

2.AIGC 变现的特征

AIGC 变现具有以下四个特征，如图 5-8 所示。

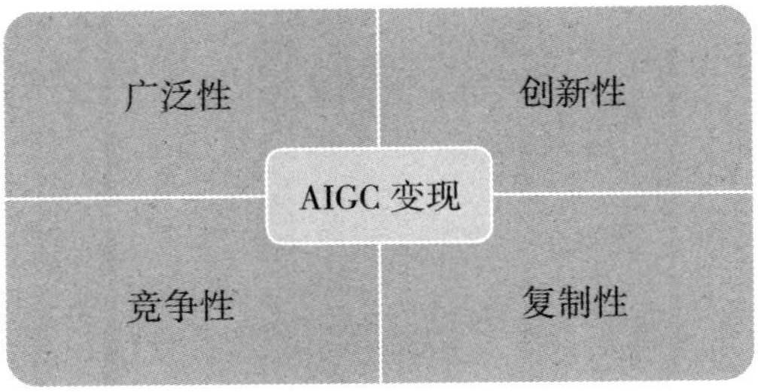

图 5-8　AIGC 变现的四个特征

（1）广泛性。

AIGC 的多领域应用潜力巨大，涵盖了旅游、动漫、小说、元宇宙等多个领域，这种多样性不仅拓展了 AIGC 的商业化路径，也助力其在不同行业中持续创新。

（2）创新性。

AIGC 为创业企业提供了创新商业模式的空间，创业企业可以与创作者合作，通过明确版权意愿和按照使用频率付费等方式解决版权问题，为 AIGC 的长期发展探索新思路。

（3）竞争性。

随着数字技术的不断进步，AIGC 在生成结果的可控性方面逐渐提升，借助最新的 AI 绘画底座技术，可增强生成效果的准确性和可控性，有助于 AIGC 在长期发展中保持竞争优势。

（4）复制性。

AIGC 还可以通过在某一行业中打造的成功案例复制推广到其他行业，实现规模化应用，拓展商业化路径，为不同领域的应用提供了可行性验证。

3.AIGC 变现的未来展望

在 AIGC 创业变现的过程中，除了上述的多领域应用潜力和创新商业模式外，还存在更多的可能性。创业企业可以利用 AIGC 技术开发各种创意产品或服务，如个性化旅游路线规划、定制动漫角色、创作基于 AI 的小说等，通过与合作伙伴共同开发、推广，并探索不同的商业模式，实现利润最大化。此外，AIGC 技术的进步也为创业企业提供了更多的创新空间，可以结合新质生产力的发展，持续推出新产品、新服务，满足市场需求，开拓商业版图。在这个过程中，创业企业需要与技术研发团队密切合作，保持对行业趋势的敏感洞察，及时调整战略以应对市场竞争。

AIGC 融入创意领域也带来了诸多利好。一方面，AIGC 可以通过自动化提高效率并拓展收入流，帮助使用者专注于需要创造力和直觉的更高级别任务。另一方面，人工智能驱动的工具可以提供对受众行为和偏好的洞察，从而为营销策略和内容开发提供信息。

篇末案例

云从科技：AI 崛起领军者

1. 企业介绍

云从科技集团股份有限公司（以下简称云从科技）成立于 2015 年，是科创板首家上市的人工智能平台企业，在 2024 年荣登福布斯中国人工智能科技企业 TOP50 榜单。云从科技构建了开放的人机协同操作系统，推动了智慧金融、智慧治理与城市、智慧出行及智慧商业等多个领域的技术应用落地。作为秉持创业精神的企业，云从科技不断探索和创新，致力于为合作伙伴和用户创造更多价值，以实现业务的价值共创和发展。

2. 创业历程硬实力

（1）人机协同：创业初心的坚守。

云从科技自创立之初便以视觉、语音等多模态感知技术为基础，致力于构建一个综合视觉认知、语言认知和环境认知的多模态认知融合系统。该系统不仅推动了智能决策技术的完善，也为AI技术闭环的实现奠定了坚实的基础。基于这些技术，云从科技深入推进人机协同，以此为桥梁，致力于为未来城市的泛在智能构筑核心竞争力。

第一，打造自主算法工厂，不断研发和优化算法，通过技术迭代提升机器智能，深刻洞察用户需求，并根据这些需求调整技术发展方向。

第二，注重构建可信的智能决策机制，确保机器决策过程的可靠性与可信度。

第三，重视人机交互的自然性与便利性，使人机交流更加流畅自然，提升用户体验。

第四，基于国产软硬件研制了自主AI操作系统，大幅减少了对外部技术的依赖度，体现了自主创新的决心和能力。

第五，提供安全数据交互服务，确保了人机之间数据交换的安全性和可靠性。

通过上述技术的集成与应用，云从科技展示了强大的创业硬实力。公司利用多模态感知、知识推理、共融共判和数据安全共享等核心技术，不仅有效提升了生产效率并降低成本，同时也在创业过程中与用户、社会实现了价值共创，展现了云从科技在智能技术领域的领导力和前瞻性。

（2）视频结构化：创新驱动的动力。

数字技术的浪潮席卷各行各业，云从科技凭借其自研的视频全结构化引擎，精准把握这一数字商机。该引擎不仅是技术实力的体现，更是创新驱动的成果。

第一，架构稳定可靠。采用单机主从架构，确保系统的稳定性和可靠性，实现主服务器和从服务器的任务分配和负载均衡，提高了系统性能和可用性。

第二，插件系统定制化。具备可扩展的插件系统，满足不同用户的定制化需求。用户可以根据自身需求添加新的功能模块或扩展现有功能，使得视频分析应用更加丰富和多样化。

第三，多样化推理模型和计算平台。支持多种推理模型和高效的异构计算平台，包括多种AI芯片，系统可以根据不同场景和需求选择最适配的推理模型和计算平台，提高处理速度和效率。

第四，分布式架构保障高可用性。采用分布式架构，确保系统的高可用性。通过将任务分配至多个节点并行处理，系统能够更好地应对高负载和故障情况，保证视频分析的连续性和稳定性。

在不断探索和创新的过程中，云从科技始终坚持以用户需求为中心，不断推动技术与市场的深度融合，实现了技术与价值的共创。

（3）知识图谱。

云从科技在知识图谱领域秉持前沿理念，以大数据平台为基础，将图计算技术作为核心，打造了一系列完整的产品，涵盖知识建模、抽取、存储、计算、推理和应用等环节，为用户提供了全方位的知识服务支持。大数据作为数字决策的基石，与知识图谱融合能够更好地挖掘和利用数据中的知识信息，为企业提供智能化运营和管理支持。

云从科技的知识图谱产品不仅具备强大的功能，还为用户提供了灵活的交互方式。通过将分散的知识和信息整合到统一的结构中，用户可以便捷地进行查询、分析和推理。智能化的搜索功能和直观的可视化界面使用户能够快速定位所需的知识和信息。产品的部署方式也十分灵活，用户可以根据需求选择云端或本地部署，满足不同的场景和要求。

云从科技在知识图谱领域的发展过程中始终坚守创业精神，坚持用户价值至上的理念，不断突破创新，将技术作为其创业的实力象征。同时，创业变现思维也一直贯穿于公司的发展历程中，不仅注重技术创新，还注重商业模式的探索和实践。

3. 智慧领域践行

（1）智慧金融。

智慧金融是云从科技在金融领域的核心聚焦点。公司凭借技术实力和行业经验，致力于为金融机构提供全方位的智能化解决方案。这些解决方案不仅仅依赖于单一技术，而是多种技术的综合运用，包括AI、大数据和云计算等。通过技术整合，云从科技助力金融行业加快向数字化、信息化和智能化转型的进程。

在智慧金融领域，云从科技始终不忘创业初期的创业精神，持续探索金融业务的创新模式，以技术和解决方案的引入推动金融机构的业务模式转型与升级。这种创业精神不仅提升了金融机构的效率和竞争力，还创造了新的商业价值。这一过程中，技术被视为云从科技创业的核心力量，是公司持续成长和创新的驱动力。

同时，云从科技在金融领域的参与度已经超越了传统的价值链边界。公司拥有丰富的经验和技术积累，深度融入金融价值链的各个环节，从核心业务到支持服务，为金融机构提供全面智能化的解决方案。这种能力进阶使得公司能够更好地满足金融机构的需求，并在数字化转型的过程中发挥重要作用。

云从科技以用户至上的思维为导向，始终强调用户体验的重要性，将用户需求放在首位，致力于提供便捷、个性化和智能化的金融服务。通过技术创新和业务变革，云从科技能够为金融机构提供更优质的用户体验，推动金融行业朝着更智能化的方向发展。

（2）智慧治理与智慧城市。

智慧治理与智慧城市是当今社会治理领域的重要创新方向。云从科技提出的智慧城市治理方案，以感知、认知、决策技术为核心闭环，实现了人机协同，为城市治理注入新的活力。方案将先进的科技平台与城市治理深度融合，汇聚各类业务数据和场景数据，借助智能解析和数据分析引擎的驱动，为行业的业务应用提供服务。这种方法不仅广泛应用于政府、公安、司法、应急等领域，还全面助力社会治理体系和治理能力的升级转型，推动了社会治理从信息化、数字化向智能化的演进。

云从科技将智能解析引擎和数据分析引擎视为核心驱动力，构建了融智云知识生成与服务平台（KAAS），为智慧城市治理提供了强大支持。KAAS平台涵盖智感、智算、智联、智萃、智防、智惠等全线产品，其中应用牵引、双擎驱动、平台赋能以及终端延伸等策略全面助力智慧治理的实施，不仅提高了城市管理的效率和精度，而且为城市发展提供了更多可能性。

（3）智慧出行。

第一，重塑未来交通。在当今互联互通的时代，智慧出行已成为创新发展的关键方向之一。云从科技以其卓越的技术实力，深入探索智慧出行领域，为民航机场及整个交通运输体系提供创新解决方案。以民航机场为重要支点，云从科技借助先进的AI技术重构数字化空间，实现了多交通体系的互通、互融和共享，从而推动了交通运输行业的转型与升级。

第二，AI助力交通智能化。智慧出行产品方案凭借其AI技术的全方位支持，为民航机场提供了智能化解决方案。在感知方面，通过各类传感器和设备，实时获取航班信息、人流量、天气情况等数据，从而实现对机场内外环境的全面监测。在认知方面，利用强大的数据处理和分析能力，对海量数据进行挖掘和学习，识别出潜在问题和优化空间。在决策方面，AI技术基于数据分析结果，提供实时决策支持，助力机场管理层做出准确、高效的决策。同时，智慧出行产品方案也着眼于整个交通运输体系的智能化建设，通过多交通体系的互通和互融，实现资源的共享和优化，提高了整个交通系统的效率和服务质量。

第三，协同管理助力突发事件应对。智慧出行产品方案的实施不仅提升了交通系统的运行效率和管理水平，还助推了公司的协同管理。依托人机协同平台，实现了各环节的信息共享和协同工作，全面监控和管理整个交通系统，大幅提升了突发事件的应对能力，同时也提升了工作效率和服务质量。

第四，数字技术引领未来发展。智慧出行产品方案激发了云从科技数字创新的活力，打破了传统的运营模式和思维定式，激发了创新思维和方法。云从科技结合区块链技术，搭建可信的交通数据共享平台，利用物联网技术实现车辆和设备的智能连接和管理，运用大数据分析和预测技术优化交通流量和资源调度等，为智慧出行产品方案的发展和进步提供了新的动力。云从科技凭借其雄厚的创业背景和实力，不断推动着智慧出行领域的创新与发展，为未来交通的智能化建设注入新的活力。

（4）智慧商业。

云从科技以AI技术为驱动力，致力于赋能智慧商业，全面提升商业价值。公司以消费者为核心，依托领先的商业AI智能应用平台及丰富的行业实战经验，致力于助力商业用户实现降本增效、销售提升等业务目标，并为消费者打造更优质的消费体验，构建AI定义的智慧生活愿景。

用户价值的挖掘是云从科技在智慧商业领域的重要创新之一。通过AI和大数据技术的赋能，公司能够帮助用户进行商业模式的升级和转型。通过深度挖掘和分析大量数据，云从科技能够为用户提供针对性的市场推广策略、产品定价策略以及用户关系管理方案。用户价值链的改造使云从科技能够更好地满足用户的需求，为其提供个性化的产品和服务，从而获取竞争优势。

跨界整合数据资产是云从科技在智慧商业领域的另一项创新。在数字化时代，数据被视为新的石油，跨界整合数据资产成为商业发展的重要策略之一。云从科技通过整合和分析不同行业、不同领域的数据，为用户提供更全面的数据资产。借助跨界整合数据资产，精准洞察市场趋势、用户行为和竞争对手动态，从而制定更具针对性的战略和决策。

在智慧商业的道路上，云从科技将持续创新，致力于为用户提供更加智慧、高效的解决方案，共同构建智慧生活的美好未来。

4. 发展总结

自创业以来，云从科技始终坚持对技术的探索、对创新的坚持，拓宽应用领域，提高解决方案的智能化水平，为用户提供增值服务，让数据激发用户的价值。未来，云从科技将以开放的姿态拥抱新的挑战，以务实的行动推动行业进步，开启智能时代的新篇章。

本章小结

本章主要讨论了创业变现的相关内容。在创业思维的引领下，实现用户价值是创业变现的核心逻辑。第一节主要围绕挖掘用户痛点、定制用户体验、释放用户价值展开，通过洞察需求、打造特色、数据驱动等手段实现用户价值最大化；第二节阐述了价值共创的相关内容，重点讲述价值共创的根本逻辑、实现方式以及品牌营销的重要性，通过建立共鸣，实现与用户的深度互动与价值共赢；第三节呈现了创业变现的各种形式，涵盖自媒体、内容、AIGC 等领域的创业变现方式，着重强调了多元化的创业路径与变现策略，为创业者提供了丰富的思路与实践指导。

参考文献

[1] 张敬伟，涂玉琦，靳秀娟 . 数字化商业模式研究回顾与展望 [J]. 科技进步与对策，2022，39（13）：151–160.

[2] 焦豪 . 数字平台生态观：数字经济时代的管理理论新视角 [J]. 中国工业经济，2023（7）：122–141.

[3] 刘志阳，林嵩，邢小强 . 数字创新创业：研究新范式与新进展 [J]. 研究与发展管理，2021，33（1）：1–11.

[4] 金钰莹，叶广宇，彭说龙 . 创业生态系统如何激活机会型创业？[J]. 科研管理，2023，44（8）：21–30.

[5] 马绍辉 . 互联网时代大学生创新创业平台构建——评《大学生创新创业基础》[J]. 科技管理研究，2023，43（20）：240.

[6] 王婷婷，郑馨 . 创业活动如何促进消费增长：一个理论分析框架 [J]. 中山大学学报（社会科学版），2022，62（3）：181–192.

[7] 罗婷予，谢康 . 用户画像促进企业与用户互动创新的机制及构建方法 [J]. 财经问题研究，2023（3）：106–116.

[8] 张磊，许坤，张琳，等 . 政策扶持、金融科技与小微企业信贷融资 [J]. 统计研究，2023，40（12）：50–61.

[9] 杨兴全，王丽丽 . 产业政策对公司现金股利的影响：政策扶持抑或投资驱动 [J]. 山西财经大学学报，2020，42（3）：62–75.

[10] 李坚飞，水会莉，宋闻 . 营商环境、政策支持与企业创新激励——来自中国 A 股上市公司的经验证据 [J]. 南开管理评论，2023，26（5）：39–51.

[11] 马鸿佳，肖彬 . 创新驱动的互联网新企业成长路径研究 [J]. 管理科学学

报，2025，28（6）：47–61.

[12] 项国鹏，宁鹏，罗兴武 . 创业生态系统研究述评及动态模型构建 [J]. 科学学与科学技术管理，2016，37（2）：79–87.

[13]Amjad T，Dent M M，Abu Mansor N N.A bibliometric analysis and text mining of the entrepreneurial marketing domain：Emerging trends and future research directions[J].Journal of Research in Marketing and Entrepreneurship，2023，25（3）：393–409.

[14]Arabiun A，Salajegheh N，Aeeni Z，et al.Trends and patterns in entrepreneurial action research：A bibliometric overview and research agenda[J].Journal of Global Entrepreneurship Research，2023，13（1）：8.

[15] 姜忠辉，张家琦，罗均梅 . 工作繁荣视角下创业文化如何影响员工内部创业——创业警觉性的调节作用 [J]. 科技进步与对策，2024，41（4）：111–119.

[16]Weerasekara S，Bhanugopan R.Sustainable entrepreneurial ecosystems：Interdependencies of infrastructure and capital and the effects of local culture[J].Journal of Small Business and Enterprise Development，2023，30（7）：1476–1502.

[17] 周成军 . 如何激发全民创业活力 [J]. 人民论坛，2019（1）：110–111.

[18]Kumar R K，Pasumarti S S，Figueiredo R J，et al.Innovation dynamics within the entrepreneurial ecosystem：A content analysis–based literature review[J].Humanities and Social Sciences Communications，2024，11（1）：1–15.

[19] 朱秀梅，林晓玥，王天东 . 数字创业生态系统动态演进机理——基于杭州云栖小镇的案例研究 [J]. 管理学报，2020，17（4）：487–497.

[20]Talat I，Iram Z，Ur S R，et al.How knowledge sharing encourages innovative work behavior through occupational self–efficacy? The moderating role of entrepreneurial leadership[J].Global Knowledge，Memory and Communication，2024，73（1–2）：67–83.

[21] 杨碧云，魏小桃，易行健，等 . 数字经济对共享发展影响的微观经验证据：基于消费不平等的视角 [J]. 国际金融研究，2022（10）：15–25.

[22] 何一丹，何正文，王能民，等 . 共享经济环境下的资源约束 Max–NPV 多项目调度优化 [J]. 中国管理科学，2024，32（9）：260–270.

[23]Smirnov S，Dmitrichenkova S，Dolzhich E，et al.Entrepreneurial competence development program：Implementing efficiency through knowledge sharing[J]. Administrative Sciences，2023，13（6）：147.

[24] 谢新水，檀阳 . 论基于共享经济“软基础”的信用监管 [J]. 理论与改革，2020（5）：165–176.

[25] 李波，王金兰 . 共享经济商业模式的税收问题研究 [J]. 现代经济探讨，2016（5）：29–33.

[26] 王丽影，张广玲，宋锋森 . 共享经济发展演化与协同治理研究——基于产销者视角 [J]. 技术经济与管理研究，2020（11）：45–49.

[27] 李佳颖 . 共享经济的内涵、模式及创新监管的对策 [J]. 经济体制改革，2017（6）：27–31.

[28]Chen Yushan.A Systematic Review of the Influencing Factors of Sharing Economy Platform[J].International Business & Economics Studies，2023，5（1）：24.

[29] 龙成志 . 创造共享价值：新时代背景下企业竞争战略新范式 [J]. 清华管理评论，2021（Z2）：65–73.

[30] 高辉，李倩，张建宇，等 . 平台开放度与平台依赖型创业企业的创业进入战略研究 [J]. 经济与管理研究，2024，45（1）：127–144.

[31]Yang L，Aumeboonsuke V.The impact of entrepreneurial orientation on firm performance：The multiple mediating roles of competitive strategy and knowledge creation process[J].Mobile Information Systems，2022（12）：1–10.

[32] 岳宇君，马艺璇 . 企业竞争战略影响全要素生产率机制探讨——基于企业生命周期理论的实证检验 [J]. 中央财经大学学报，2024（10）：115–128.

[33] 周蕾，熊立 . 创业团队反思和双元领导对双元创业即兴的权变影响研究 [J]. 江西财经大学学报，2024（5）：24–37.

[34]Sundermeier J，Mahlert N.Entrepreneurial team diversity—A systematic review and research agenda[J].European Management Journal，2022，41（6）：972–984.

[35] 刘方龙，李新春 . 创业团队的动态演化机制——基于人力资本产权周期视角的多案例研究 [J]. 管理世界，2024，40（5）：121–139.

[36]Patzelt H，Preller R，Breugst N.Understanding the life cycles of

entrepreneurial teams and their ventures：An agenda for future research[J]. Entrepreneurship Theory and Practice，2021，45（5）：1119–1153.

[37]Chen Z F，Ji Y G，Men L R.Effective social media communication for startups in China：Antecedents and outcomes of organization–public dialogic communication[J]. New Media & Society，2023，25（12）：3613–3640.

[38] 李玲玲，黄桂 . 组织中个体主动性行为“利与弊”[J]. 心理科学进展，2021，29（8）：1484–1496.

[39] 尹航，樊步青，高娈 . 组合创业者关系网络何以影响创业动机类型 [J]. 中国软科学，2023（9）：142–153.

[40]Chen Y，Klyver K.Keeping a keen edge：Social support among new venture team members and venture goal commitment[J].Journal of Small Business Management，2023，61（4）：2038–2070.

[41] 李志刚，杨琛，刘金，等 . 海归人员“先抑后扬式”裂变创业路径研究 [J]. 管理学报，2023，20（10）：1486–1497.

[42] 彭华涛，许晴，张俊杰，等 . 市场导向、政策导向对传统产业中企业二次创业路径选择的作用机理研究 [J]. 科研管理，2018，39（5）：56–66.

[43] 贾竣云，陈寒松，徐文箫，等 . 数字创业企业如何通过资源编排实现价值创造？——基于数字平台的跨案例研究 [J]. 研究与发展管理，2023，35（5）：131–149.

[44]Pinelli M，Lechner C，Kraus S，et al.Entrepreneurial value creation：Conceptualizing an exchange–based view of entrepreneurship[J].Journal of Small Business and Enterprise Development，2021，29（2）：261–278.

[45] 李志刚，宫舒文，彭涛 . 竞合战略驱动下裂变创业价值创造机制——基于资源行动视角的多案例研究 [J]. 经济管理，2023，45（9）：88–104.

[46] 钟洲，王麒植 . 忠诚折扣、产品和消费者的异质性与竞争壁垒 [J]. 中国工业经济，2018（9）：174–192.

[47] 薛玉香，李梁 . 我国大学创新创业园区发展路径探析——基于美国的经验与启示 [J]. 教育发展研究，2017，37（5）：77–82.

[48] 张爱丽 . 创业经验一定能促进创业机会开发吗？[J]. 科学学研究，2020，

38（2）：288-295+333.

[49] 李娜 . 如何突破大学生内容创业的现实困境 [J]. 人民论坛，2019（24）：174-175.

[50] 赵鑫，赵盼超 . 国内外知识直播平台内容创业模式比较研究 [J]. 中国出版，2017（23）：15-20.

[51] 刘征驰，孙达，周莎 . 社群互动、知识距离与互联网内容创业 [J]. 科学学研究，2023，41（3）：481-490.

[52] 王润 . 知识付费产品发展反思——以“得到”和“喜马拉雅”App 为例 [J]. 中国出版，2019（22）：53-56.

[53] 淮阳婷，张倩肖 . 自媒体时代内容创业的出路在哪 [J]. 人民论坛，2020（11）：60-61.

[54] 朱上上，于慧伶，董烨楠，等 . 融合消费者群体创造的产品创意设计方法 [J]. 机械工程学报，2024（4）：1-12.

[55] 单玉坤，杜元伟 . 大规模协作模式下产品创意动态决策方法——基于证据推理算法 [J]. 技术经济，2021，40（12）：149-161.

[56] 徐笑君，李宾 . 知识生产革命：“人 +AI”双环知识共创模式 [J]. 清华管理评论，2024（Z1）：96-104.

[57] 李雪灵，樊镁汐，龙玉洁，等 . 工业互联网平台与“双重身份”用户企业价值共创的协同演化机理研究 [J]. 管理世界，2025，41（6）：158-181.

[58] 周茂，操方舟，杜艳 . 人力资本扩张、进口要素密集度升级与企业新产品出口——基于产品生命周期的视角 [J]. 中国经济问题，2025（1）：73-88.

[59] 裴佳祺，王宇 . 高校毕业生就业创业服务精准化策略 [J]. 山西财经大学学报，2025，47（S1）：235-237.

[60]Xin J，Chunwu Chen，Min Zhang.Research on Synergy between Entrepreneurial Service and Financial Support in Crowd Innovation Space Ecosystem[J]. Sustainability，2022，14（10）：59-66.

[61] 吕秋慧，杜运周，胡登峰，等 . 众创空间类型如何塑造创业服务行为？基于制度逻辑视角的分析 [J]. 南方经济，2021（5）：91-109.

[62] 赵峰，刘丽香，连悦 . 综合激励模型视阈下创新人才激励机制研究 [J].

科学管理研究，2013，31（6）：98–101.

[63] 龚志民，刘杰 . 基于资源整合理论的创业服务对创新经济影响机理及推进策略 [J]. 理论探讨，2019（2）：102–107.

[64] 杨勇，仝甜甜 . 开放策略对数字创业平台企业绩效影响的仿真研究 [J]. 管理学报，2022，19（2）：213–224.

[65] 徐示波 . 众创空间如何促进企业创新？——基于创新资源网络视角的实证研究 [J]. 科学管理研究，2024，42（5）：118–127.

[66] 张秀娥，王卫，杨柳 . 数智化导向对企业可持续商业模式创新的影响——有调节的链式中介模型 [J]. 创新与创业管理，2024（2）：16–37.

[67] 潘越，刘承翊，林淑萍，等 . 风险资本的治理效应：来自 IPO 暂停的证据 [J]. 中国工业经济，2022（5）：121–139.

[68]Nozawa Hiroshi，Rihyei Kang.Should you invest in start–ups now？ A practical study of start–ups investment trends using commercial databasess[J].Journal of the International Council for Small Business，2024，5（1）：62–71.

[69] 王妮，潘海英，吴雨濛，等 .ESG 表现、创新投资决策与企业价值 [J]. 研究与发展管理，2024，36（4）：88–100.

[70] 池国华，朱俊卿 . 银行内部控制、数字化转型与信贷风险防控效能 [J]. 中南财经政法大学学报，2025（2）：67–81.

[71]Grilli L，Mrkajic B，Latifi G.Venture capital in Europe：social capital，formal institutions and mediation effects[J].Small Business Economics，2018（51）：393–410.

[72] 张小成，朱东炬，刘明显，等 . 资本市场开放下企业创新策略选择 [J]. 经济理论与经济管理，2022，42（10）：85–98.

[73] 罗长青，曹国广，傅欣欣，等 . 投资管理和内部治理是否影响基金极端风险？——基于尾部风险传染效应的研究 [J]. 财经理论与实践，2023，44（5）：41–48.

[74] 吴中春 . 企业财务规划研究视角的变迁 [J]. 审计与经济研究，2011，26（5）：71–76.

[75] 刘晓慧 . 大数据背景下企业财务管理的机遇与挑战 [J]. 山西财经大学学

报，2025，47（S1）：175–177.

[76]Guo H.Digital corporate financial management with AI in China–enterprise intelligence[J].International Journal of Business Performance Management，2024，25（1）：173–185.

[77] 周磊，王静曦 . 长期护理保险资金筹集和待遇支付政策探讨——基于全国 15 个试点城市实施方案的比较 [J]. 财经问题研究，2019（11）：89–97.

[78] 段远刚，林志军 . 质量成本管理对企业绩效影响的实证研究 [J]. 经济与管理研究，2018，39（2）：120–130.

[79] 康俊 . 数字经济赋能企业成本管控的影响机制与实现路径研究 [J]. 当代经济管理，2023，45（2）：39–45.

[80] 李青，庞伟 . 治理结构与基层政府财政重整行为 [J]. 公共管理与政策评论，2024，13（2）：48–63.

[81] 韩松，习媛杰 . 风险视角下企业治理结构和研发创新——基于委托代理模型的研究 [J]. 经济理论与经济管理，2021，41（4）：39–53.

[82] 王东升，任怡蓉，薛海燕 . 强资源约束环境下专精特新企业自主创新风险控制研究 [J/OL]. 科研管理，1–16[2025–07–03].

[83] 周瑛，朱玲 . 基于创业者视角的创业退出研究综述与展望 [J]. 复旦学报（自然科学版），2021，60（6）：817–824.

[84] 杨子 . 中国风险投资中不同退出方式选择的影响因素研究 [J]. 贵州财经大学学报，2022（6）：65–74.

[85] 孟凡会，王玉亮，汪雷 . 信息碎片化下用户痛点多源信息融合分析研究 [J]. 情报理论与实践，2020，43（7）：103–108.

[86] 尹苗苗，冯心莹，周冰玉 . 用户创业研究综述及未来展望 [J]. 科研管理，2021，42（9）：17–23.

[87]Ding L，Sui L，Yu F.Ideological and Political Exploration and Practice of the Course[J].Curriculum and Teaching Methodology，2022，5（8）：99–108.

[88]Wright J K D，Hagiu A.Data enabled learning，network effects and competitive advantage[J].The RAND Journal of Economics，2023，54（4）：638–667.

[89] 李树文，罗瑾琏，胡文安 . 从价值交易走向价值共创：创新型企业的价

值转型过程研究 [J]. 管理世界，2022，38（3）：125–145.

[90] 童红霞，邓晰隆 . 公司创业导向下多元主体的价值共创与分享机制研究 [J]. 科学管理研究，2022，40（1）：110–118.

[91] 王琳，陈志军 . 价值共创如何影响创新型企业的即兴能力？——基于资源依赖理论的案例研究 [J]. 管理世界，2020，36(11)：96–110+131+111.

[92] 阮添舜，李鑫浩，顾颖 . 价值共创感知体验、数字平台交互场景与颠覆性创新 [J]. 统计与信息论坛，2024（4）：1–14.

[93] 项钰雯，龙姝洁，吴文清 . 协同创新视角下科技企业孵化器价值共创组态路径模式研究 [J/OL]. 管理学报，1–10[2025–07–03].

[94] 韩伟云，夏章伟 . 利基模式下的品牌营销 [J]. 中国管理科学，2012，20（S2）：685–690.

[95]Yuan C. Research on Social Media and enterprise brand marketing innovation[J]. International Journal of Frontiers in Sociology，2023，5（15）：47–51.

[96] 刘胜枝，李俞晨 . 网红之路漫漫——互联网内容创作者群体研究 [J]. 中国青年研究，2020（11）：11–19.

[97] 程明，周亚齐 . 从流量变现到关系变现：社群经济及其商业模式研究 [J]. 当代传播，2018（2）：68–73.

[98] 张洁，凌超 . 传媒产业新模式——“自媒体”的经济学分析 [J]. 产业经济评论，2015（5）：56–65.

[99] 王晓敏 . 数据平如何助力乡村旅游经济 [J]. 山西财经大学学报，2024，46（S2）：146–148.

[100] 张书玉，陈锦宣 . 智慧融媒体内容传播变现效能提升路径 [J]. 中国出版，2021（4）：11–14.